Jugend im Krieg –
Freunde fürs Leben

Deutsches Schicksal

Erna Schlutter

Inhaltsverzeichnis

ISBN 978-3-00-032226-6

Vorwort

„Der Mensch denkt und Gott lenkt", heißt ein altes Sprichwort. Mitten in ein junges Leben, das voller Pläne, Erwartungen, Hoffnungen und Vorbereitungen auf eine gute Zukunft geführt wird, „schlägt ein Blitz ein". Anders gesagt: es wird durch einen Krieg zumindest die Jugend zerstört. Wann werden die Regierenden dieser Welt begreifen, was sie mit der Auffassung ausrichten, Probleme ließen sich mit Gewalt lösen, religiöse Überzeugungen müssten anderen mit Gewalt eingetrichtert werden und wirtschaftliche Interessen seien durch Waffen verhandelbar? Dabei wird übersehen, welch mieses Geschäft dabei herauskommt, wie viel Leid und Kummer angerichtet wird und dass immer beide Seiten verlieren. So ist es gut, wenn an konkreten Lebensschilderungen, in diesem Falle sogar zweier Leben, Hergang und Abläufe kriegerischer Auswirkungen dargestellt werden. Und aktuell ist es auch. Denn Deutschland befindet sich mittlerweile wieder in einem Krieg, auch wenn es nicht offen ausgesprochen wird. So mag die Geschichte unserer beiden „Helden" neben einem Tatsachenbericht, neben einem Anschauungsunterricht, neben einem Gedenken auch eine Mahnung sein. Eine Mahnung an alle Menschen: meidet Gewalt.

Geschildert werden Erlebnisse und Berliner Kriegsabenteuer von zwei Geschützführern des Arbeitsdienstes. Sie sollten im Zweiten Weltkrieg mit 10,5-cm-Flugabwehrgeschützen das bereits zerbombte Berlin verteidigen.

Die beiden verbanden viele Gemeinsamkeiten. Ihre Vornamen waren Heinz und Karl-Heinz. Heinz wuchs in Miltitz bei Meißen auf und war nur einen Tag jünger als Karl-Heinz, dessen Heimatstadt Dresden war. Verlebten Sie doch als Einzelkinder zunächst eine unbeschwerte Jugendzeit in ihren Elternhäusern. Das änderte sich schnell, als sie mit 17 Jahren zum Arbeitsdienst eingezogen wurden. Anfangs nahmen beide dieses ernste Kriegsabenteuer gar nicht so tragisch. Zunächst auch nicht die Luftangriffe der Amerikaner und der Engländer mit ihren Terrorbombern auf Berlin. Als dann im April 1945 Berlin von den Russen eingekesselt wurde, die Flakgeschütze gesprengt waren, wollten alle Arbeitsdiensteinheiten Berlin durch den Grunewald verlassen. Dazu kam es aber nicht mehr.

In dem Chaos wurde Heinz leicht verwundet, fand aber in der Nähe ein Lazarett. Nach wenigen Tagen durften alle, die gehen konnten, nach Hause, wie auch immer sie es anstellten. Heinz benötigte fünf Tage, um zu Fuß von Berlin nach Miltitz zu laufen. Dort kam er am 9. Mai, seinem 19. Geburtstag, an.

Karl-Heinz blieb bis zuletzt bei der Truppe, wurde gefangen genommen und nach Russland ins Kohlebergwerk verschleppt. Nach einem überstandenen Unfall und gesundheitlichen Problemen, kam er rechtzeitig vor Weihnachten in Dresden an, musste aber das nächste halbe Jahr im Krankenhaus verbringen.

Unsere Freundschaft hielt ein Leben lang.

Heinz Drigalla

Nach seiner Genesung machte Karl-Heinz in Dresden schnell Karriere. Mit 23 Jahren war er damals jüngster Kameramann der DDR, vielleicht sogar weltweit. Er ging später nach Berlin Babelsberg bis er bei Nacht und Nebel den DDR-Staat verließ, weil er sich dem System nicht unterordnen wollte. Im Westen traf er auf alte Bekannte, Kollegen, die schon vorher geflüchtet waren. Nach einiger Zeit in der Werbebranche, bewarb er sich bei ZDF und HR. Der HR war schneller und so blieb er bis zur Pensionierung. Unter vielen anderen Aufgaben waren seine nachhaltigsten Sendungen die Kinderfilme mit der Augsburger Puppenkiste. Für die wurde sogar im Jahre 2004 die Goldene Kamera der Zeitschrift „Hör Zu" verliehen, was ihn sehr freute. Schon 1 ½ Jahre später musste er diese Welt verlassen.

Bereits im Jahre 1988 regte Heinz zu einem gemeinsamen Buch an. Die räumliche Trennung ließ das damals nicht zu. Er brachte 2004 sein Heft „Gruppenfeuer" heraus, das er mit vielen Karikaturen zu den jeweiligen Situationen versah.

1995 erinnerte sich Karl-Heinz an die Kriegserlebnisse. Ich schrieb die spannenden Geschichten auf, weil ich der Meinung war, dass diese Zeit nicht ganz vergessen werden sollte. Erst nach dem Lesen des Buches „Grenzerfahrungen" habe ich mich entschlossen, diese Erinnerungen für kommende

Generationen festzuhalten. Als Grundlage dienten die Erzählungen von Karl-Heinz, das oben erwähnte Heft von Heinz mit seinen Karikaturen.

Dafür und für seine Zustimmung zur Verwendung bedanke ich mich besonders bei ihm. Auch, dass ich ihn jederzeit anrufen konnte, wenn ich Fragen hatte.

Danken möchte ich auch meiner Tochter Ruth Schmidt, die den Entwurf gelesen und mit der einen oder anderen guten Idee zur Verbesserung beigetragen hat.

Ganz besonderes danke ich aber unserem Ehrenbürgermeister Herrn Günther Biwer. Er hat in vielen Stunden, Tagen und Nächten seine knappe Zeit geopfert, um mit seinem Ideenreichtum das gesamte Werk noch einmal zu überarbeiten.

Erna Schlutter

*Dresden, Müllerbrunnenstraße 5. Im Haus des Großvaters
hatten Großeltern, Eltern, Onkel und Tanten je eine Wohnung.
Hier wurde Karl-Heinz geboren, in der Großfamilie wuchs er behütet auf.*

Jugend im Krieg – Freunde fürs Leben.
Deutsches Schicksal

1. Kapitel

Karl-Heinz Schlutter erinnert sich

Karl-Heinz Gustav Richard Kurt Max Schlutter, wurde am 8. Mai 1926 als Kind von Hertha und Kurt Schlutter im Haus der Großeltern mütterlicherseits in Dresden geboren. Die vielen Vornamen bekam er, weil Gustav, der Großvater mütterlicherseits und Richard väterlicherseits, ebenso wie der junge Vater Kurt und Max, der Patenonkel, alle bei der Namensgebung vertreten sein wollten. Dem erwachsenen Karl-Heinz verursachte dies später bei Unterschriften häufig Ungemach, weil der für die Unterschrift auf behördlichen Formularen vorgesehene Platz nicht ausreichte.

Der kleine Karl-Heinz im Alter von zwei Jahren, 1928

9

Die Eltern hatten ihre Wohnung im 2. Stock des großelterlichen Hauses. Wo alle Verwandten wohnten, deshalb war immer jemand für den Kleinen da. So wurde das erste Enkelkind von Großeltern, Onkel und Tanten behütet und verwöhnt und Mutter konnte als Sekretärin arbeiten. Im Jahr 1926 waren die meisten Mütter Hausfrauen. Hertha Schlutter, geborene Schmidtke jedoch gehörte zu den bereits emanzipierten Frauen. Sie liebte ihren Beruf sehr.

Vater Kurt Schlutter hatte den Beruf des Drogisten erlernt. Als begnadeter Erzähler unterhielt er die Familie bis ins hohe Alter oft mit Anekdoten aus seiner Lehrzeit. Damals mussten die Eltern Geld an den Lehrherrn zahlen, damit der Junge ausgebildet wurde. Kurt hatte das Recht auf einen Urlaubstag pro Jahr.

Eines Tages trat sein Lehrherr in den Laden und sagte: „Kurt, heute kannst du deinen Urlaub nehmen, es regnet, da werden nicht viele Kunden kommen". Zu dieser Zeit hatte Kurt aber schon drei Stunden gearbeitet, die waren für den Urlaubstag verloren. Der Spruch „Lehrjahre sind keine Herrenjahre", hatte damals sicher seine Berechtigung.

Herbert Schmidtke

Bereits in den zwanziger Jahren hatte Karl-Heinz, Onkel Herbert Schmidtke, einer der Brüder von Hertha Schlutter, ein Motorrad der Marke DKW und der kleine Karl-Heinz war begeistert, wenn er mitfahren durfte. Das war der Anfang einer großen Leidenschaft für schöne Fahrzeuge.

Die Schulzeit in Dresden

Karl-Heinz erzählt: Mit der Einschulung 1932 begann eine neue Zeit und es entstanden Freundschaften, die nach dem Mauerfall mit jährlichen Klassentreffen in Dresden wieder neu belebt wurden.

Der Hitlerzeit entsprechend verlief meine Schulzeit mit Vorbereitungen auf das was, noch kommen sollte. Die Jungen wurden motiviert und angehalten, ihre freie Zeit in Heimabenden mit singen, spielen und erzählen zu verbringen. Regelmäßig fanden samstagnachmittags Geländespiele statt. Durch die verschiedenen Aktivitäten wie Sportveranstaltungen, Radtouren, Zeltlager usw. fühlten sich die Kinder angezogen und waren mit Begeisterung dabei.

Matrosenkleidung war damals sehr gefragt

Aber nicht nur das Vergnügen wurde gefördert, sondern auch Ernteeinsätze, Sammeln von diversen Heilkräutern. Aufräumen in Land- und Forstbetrieben, der Umwelt, sowie Kiesgruben und Ziegeleien. Es wurden Sammlungen durchgeführt wie zum Beispiel über das Winterhilfswerk, für Soldaten. So wurde für Eintopfessen an Sonntagen geworben, um das im Vergleich zu einer üppigen Sonntagsmahlzeit eingesparte Geld dem Winterhilfswerk zu spenden.

Für die Jüngeren bis zum Schulalter gab es die Kükengruppe. Dann teilten sich Jungen und Mädchen in Jungvolk und BDM (Bund Deutscher Mädchen). Die Mitglieder des Jungvolkes wechselten mit dem 14. Lebensjahr in die Hitlerjugend, die in verschiedene Abteilungen gegliedert war.

Die Mehrheit der Jungen war in der Grundeinheit vertreten. Je nach Interesse und Neigung konnte man sich aber zur Flieger-HJ, zur Motor-HJ oder zur Reiter-HJ melden. Danach kamen ein halbes Jahr Arbeitsdienst und anschließend die Wehrmacht. Allerdings konnte man sich freiwillig von der HJ direkt zum Wehrdienst melden - man sieht, wie raffiniert das System aufgebaut war! Während der Schulzeit steigerte sich mein Interesse an den tollen Spielen mit vielen Kindern, schließlich hatte ich ja keine Geschwister.

Karl-Heinz beim Jungvolk, endlich hat er sein Ziel
gegen den Willen der Mutter erreicht.

Doch meine Mutter fand das ganz und gar nicht gut und versuchte mich von diesen Aktivitäten fernzuhalten. Als sie eines Tages ins Krankenhaus musste, nutzte ich die Gelegenheit zum Eintritt in das Jungvolk. Das konnte ich natürlich nach ihrer Heimkehr nicht lange geheim halten. So kam es zu einem anschließenden Donnerwetter, aber ich war stolz auf meine Mitgliedschaft und blieb dabei.

Karl-Heinz als begeisterter Motorradfahrer

Meine Begeisterung für Motorräder war und blieb grenzenlos. Selbstverständlich meldete ich mich später zur Motor-HJ. Die praktische Ausbildung wurde auf Straßenbahndepots durchgeführt und die theoretische in Gaststätten und Vereinshäusern. Meine Freude und Zufriedenheit war grenzenlos. Ein wenig getrübt wurde die Freude dadurch, dass ich zwar mit 15 Jahren Auto und Motorrad fahren konnte, ich aber öffentliche Straßen noch nicht benutzen durfte.

Karl-Heinz als Jugendlicher

Filme waren eine weitere große Leidenschaft von mir. Ich ging so oft wie möglich ins Kino. Kein Wunder, dass mein heiß ersehnter Berufswunsch Filmvorführer war! Deshalb begann ich eine Lehre bei Zeiss Ikon. Meine Abteilung erfüllte wehrpolitische Aufgaben, wie Schulungsfilme, Zielgeräte für Bombenabwurf und Ähnliches. Das verschonte mich zweimal vor der Einberufung zum Arbeitsdienst, ich wurde aus kriegswichtigen Gründen zurückgestellt. Der dritte Einberufungsbefehl versprach eine nur vierteljährige Grundausbildung und anschließend sollte ich wieder für meine Arbeitsstelle freigestellt werden.

„Mann, so etwas haben wir noch nie machen müssen!"

18

2. Kapitel

Zwei Arbeitsdienstleute werden Freunde fürs Leben

Melden musste ich mich in Bad Liebenwerda beim Reichsarbeitsdienst, RAD genannt. Dort traf ich mit Heinz Drigalla zusammen, der war gerade mal einen Tag jünger als ich, (geboren am 9. Mai 1926). Beide waren wir Einzelkinder und kamen aus den Nachbarstädten Meißen und Dresden. Nach drei Jahren Lehrzeit als Möbellackierer und bestandener Gehilfenprüfung waren die Farben noch nicht ganz trocken, als dem 17-jährigen Heinz die Einberufung ins Haus flatterte.

Beim Kartoffelschälen und dem Strohsack stopfen kamen Heinz und ich uns näher. Als verwöhnte Muttersöhnchen empfanden wir solche Tätigkeiten als skandalös! Die Freundschaft war aber besiegelt und hielt lebenslang.

Heinz ist ein begnadeter Maler. Seine witzigen Zeichnungen beziehen sich auf viele gemeinsame Erlebnisse. Einige Kostproben seines Könnens sind hier an passenden Stellen zu bewundern.

„Jungs, der Spaten beim Spatengriff üben
der muss sitzen!"

Heinz Drigalla erzählt von der Militärzeit: Bei der Einkleidung in der Kleiderkammer wurden wir mit einem vollgestopften Tornister ausgestattet. Die Unterhosen waren uns viel zu groß, wir mussten die Knöpfe versetzen. Dazu hatten wir einen Flickbeutel mitzubringen. Zusätzlich erhielten wir noch Sportkleidung, Ausgeh- und Arbeitsuniformen. Am linken Ärmel die rote Hakenkreuzbinde mit einem schwarzen Hakenkreuz auf weißem Grund. Eine Lederpeitsche zum Ausklopfen der Sachen, denn reinigen musste man alles selbst. Die Stiefel wurden erst mit Lederfett bearbeitet, damit sie sich unseren Füßen anpassen konnten, denn vorher waren sie von anderen getragen worden. Geschlafen haben wir in Doppelstockbetten mit Strohsäcken.

Als Gewehrersatz hatte jeder einen Spaten, den wir immer blitzblank putzen mussten. Auf dem Appellplatz lernten wir das Spatengriffe-klopfen. Damit man das gleichzeitige Aufsetzen der Spaten hören und kontrollieren konnte, war der Boden mit Zementplatten ausgelegt. Das Exerzieren mit dem Spaten fanden wir blöd, es wurde aber im Laufe der Zeit besser, Übung macht den Meister. Geübt wurde auch das Geradestehen. Die Ausbilder sagten, wir wären krumm wie Synagogendiener, die sich immer verbeugen müssten.

„Kinder, die Seelenachse sieht man im Flintenrohr doch nicht!"

Bei Fliegeralarm mussten wir das Lager verlassen, über die Straße rennen und Unterschlupf in einem Luftschutzbunker suchen. Dort rieselte der Sand von der Decke in den Kragen der Jacke. Bad Liebenwerda ist auf Sand gebaut. Das einzige Sehenswerte war der Lubwartturm aus der Ritterzeit. Aber hier gab es nachts wenig Fliegeralarm.

Regelmäßig wurden wir vom RAD-Arzt untersucht. Der stellte eines Tages fest, dass ich etwas am Herzen hätte. Eine weitere Untersuchung bei einem anderen Arzt ergab nichts, also attestierte er mich als kriegsverwendungsfähig (KV).

Wenn abends frei war, schrieben wir Briefe an unsere Lieben. Ein Kamerad schrieb immer auf die linke Briefseite „KZ Bad Liebenwerda". Weder Karl-Heinz noch ich verstanden damals, was das bedeutet, das erfuhren wir erst viel später.

Einer glaubte, mit heißem Wasser seine Stiefelschäfte schön straff zu bekommen, das Gegenteil war der Fall. Durch das heiße Wasser waren sie vollkommen verschrumpelt.

Ein anderer in Trupp 6 war immer der Langsamste. Eines Tages hatte man ihm seinen Hocker mit Klamotten heimlich geklaut und draußen auf dem Dach versteckt. Als wir zum

„Heinz, stell dir mal vor wir könnten
gar nicht Rad fahren!"

Appell heraustraten, rannte der Hockersucher immer noch im Nachthemd herum, weil er seine Sachen nicht finden konnte.

Nach der RAD-Spatenausbildung mussten wir auf dem Appellplatz antreten. Es wurde eine Auswahl getroffen, indem die fünfzehn Besten drei Schritte vortreten mussten, Karl-Heinz und ich gehörten dazu. Hinterher erfuhren wir, dass für uns nun im Lager eine Sonderausbildung erfolge, um später Flakabwehrgeschützführer zu werden.

Ein Unteroffizier der Wehrmacht musste uns am Gewehr ausbilden, er sprach von einer Seelenachse. Wir waren der Meinung, dass das Gewehr schießen muss und alles Andere Quatsch ist. Das Exerzieren mit dem Spaten ging weiter und abends fielen wir erschöpft ins Bett.

Der Stress dauerte zwei Wochen. Dann wurden Karl-Heinz und ich ausgewählt, jeweils zum Vormann befördert und nach Merseburg beordert. Dort kamen wir zu einer RAD-Einheit, in der wir die Ausbildung an Flakgeschützen absolvierten.

Die Wehrmachtsflakstellung war mit 10,5-cm-Geschützen ausgestattet und sollte die Anlagen von Buna und Leuna vor

„Drigalla und Schlutter, kommt als Geschützführer
gesund wieder von Stolpmünde!"

englischen Flugzeugangriffen schützen. Die anderen Kameraden hatten schon etwas Erfahrung beim Geschützexerzieren und wussten nicht recht, was sie mit uns anfangen sollten. So standen wir mehr oder weniger gelangweilt herum.

Den Weg von der Unterkunft zu den Geschützen legten wir immer mit Fahrädern zurück. Sportliche Ertüchtigung war dringend nötig.

Mit einer hübschen Bäckerstochter hatte ich eine kleine Liebschaft begonnen. Zum Stelldichein brachte sie immer ein Kuchenpaket mit. Wir waren noch jung und unerfahren und lernten erst später, was man mit Mädchen alles machen kann.

Nach kurzer Ausbildungszeit wurden wir beiden Freunde zum Oberfeldmeister der RAD-Abteilung gerufen. Wir sollten auf der Schreibstube unsere Papiere holen und nach Stolpmünde zum Geschützführerlehrgang fahren. In der Kleiderkammer erhielten wir eine neue Packung Klamotten und ab ging die Reise über Berlin nach Stolp bei Stolpmünde. Dort war der Artillerieschießplatz für alle Kanonen direkt an der Ostsee wegen der Tarnung ringsum von Wald umgeben. Die Ausbildung sollte in acht Wochen abgeschlossen sein.

„Mein Gott, den Schuss sieht man mit der Kanone gar nicht!"

Einen Raum in der Kaserne mussten wir uns mit sechzehn anderen teilen, die alle RAD-Dienstgrade waren. Alle Ausbilder hatten höhere Dienstgrade der Armee. Die Stimmung war angenehm.

Die Schulung am 10,5-cm-Geschütz war sehr human und nicht militärisch. So lernten wir Funktionen kennen wie ein Luftvorholer, Rohrrücklaufmesser, Wiegengleitbahn, Verschluss, Rohrbremse, den Vorgang beim Schuss, die Einstellung des Granatzünders, die Seiten- und Rohrerhöhung, Höheneinstellung, Stell- und Ladeschale für die Hülsengranate, auch den Versager und Hülsenklemmer und dazu die gesamte Elektronik, ohne die kein Geschütz funktioniert. Wir lernten den Umgang mit Kopfhörer und Kehlkopfmikrofon, das die Verbindung des Geschützführers mit der Befehlsstelle herstellte.

Die Exerziergeräte waren wegen der starken Beanspruchung schon ganz schön ausgeleiert, dadurch hatten wir Schwierigkeiten, bei einer Übung einen von einem Flugzeug gezogenen Luftsack zu treffen. Beinahe hätten wir das Flugzeug abgeschossen. Auch eine schwimmende Zielscheibe mit schwarzem Punkt war schlecht zu erkennen. Hundert Reichsmark kostete ein Geschoss mit Hülse.

„Halt, sofort Objektreinigen einstellen,
ihr habt wohl alle einen Stich, ihr Säcke!"

Bei der Ausbildung passierten Dinge, die eigentlich nicht passieren durften. So wurde einmal Wasser in den Benzintank des Maschinensatzes gefüllt, der bei Stromausfall benutzt werden sollte. Ein andermal lagen einige immer noch im Bett, obwohl der UVD geweckt hatte. Natürlich erfolgte ein Donnerwetter, als er zum Appell erschien. Über meinem Bett stand: „Ich habe hier gelegen so manche Nacht und darüber nachgedacht, warum gerade mich der Teufel hat nach Stolpmünde gebracht."

Als der Lehrgang zu Ende ging, erhielt ich einen Brief meiner Mutter. Er enthielt die Mitteilung, dass der Vater an der Ostfront gefallen sei. Deshalb bekam ich zehn Tage Heimaturlaub. Leider waren das sehr traurige Tage. Der Vater kommt nicht mehr, der Sohn muss nach diesem Sonderurlaub nach Berlin. Die Stimmung war gedrückt.

Unsere Merseburger RAD-Abteilung Flakbatterie 4te 362 RAD-Abteilung 7/143 war inzwischen nach Berlin-Rudow umgezogen. Die Batterie bestand aus sechs 10,5-cm-Flakgeschützen und musste dort den Flugplatz Tempelhof vor feindlichen Luftangriffen schützen. Karl-Heinz war von Stolpmünde nach Berlin gefahren und stand ganz blass in der

„Heinz, die Nächte hier in Berlin mit den Engländern sind schrecklich!"

Mannschaftsbarackentür, als ich von meinem Sonderurlaub kam. Er sagte: Nachts ist hier der Teufel los; die Engländer lassen nicht locker." Den Geschützen hatte man Namen gegeben. Karl-Heinz war Geschützführer am „Friedrich" und ich bekam „Emil". Die anderen Geschütze hatten die Namen „Anton", „Cäsar", „Dora" und „Berta". Eine Besatzung bestand aus einem Geschützführer und neun Mann je Kanone. Eine Stellung bestand aus sechs Kanonen und einer Funkmesseinheit.

Mehrmals wurden an Feiertagen die Stellungen innerhalb Berlins gewechselt, Großraumbatterien geschaffen und wieder verkleinert, um den Feind zu irritieren.

Während dieser Zeit lebten wir in Baracken mit mehreren Räumen. Geschützführer hatten das Privileg, sich einen Raum mit drei Kameraden zu teilen. Die Mannschaften mussten sich mit mehreren Doppelstockbetten begnügen.

Einmal hatten wir beiden Freunde einen freien Tag und fuhren mit der S-Bahn von Rudow zum Bahnhof Karstadt in Berlin. Wir gingen in die Kosmetikabteilung des großen Kaufhauses und nahmen ein Bad. Danach haben wir gemütlich Kaffee

„Heinz, ich geh schon mal immer in das Kaffee nach oben!"

getrunken und einen Stadtbummel gemacht. Die Läden und Schaufenster waren zu der Zeit noch heil. Zum Abendbrot waren wir wieder in unserer Batterie. Hier erwarteten wir das Grauen der Nacht.

Gegen 22 Uhr war es dann soweit. Fliegeralarm: Es tutete und wir rannten mit der Mannschaft zu den Geschützen. Im Winter 1943/44 waren die Abdeckplanen steif gefroren und ließen sich schlecht entfernen. Mündungsschoner abnehmen, Verbindung per Kopfhörer herstellen, die vier Munitionsbunker im Geschützstand öffnen, die Geräte auf Funktionsfähigkeit überprüfen, der Ladekanonier legt ein Geschoss in die Stellschale des Geschützes und schon tauchen die ersten Flieger auf. Danach meldet der Geschützführer, dass sein Geschütz nach den vorgegebenen Werten ausgerichtet sei. Erst wenn alle sechs Geschützführer ihre Meldung abgegeben hatten, erfolgte von der Messeinheit mit einer Feuerglocke das Kommando zum Gruppenfeuer. Die Ausrichtung der Kanonen wurde nun laufend den ermittelten Werten angepasst.

Unsere Scheinwerfer versuchten, den Feind mit dem Scheinwerferkegel einzufangen, dann konnte er abgeschossen werden, sofern die Flugzeuge nicht zu hoch flogen. Die Bomber

„Am Tag sieht so ein Nachtangriff sehr schrecklich aus!"

waren mit mächtigen Luftminen bestückt, die sie gezielt über der Stadt abwarfen.

Die Mündungsfeuer unserer Geschütze bildeten einen gewaltiger Lichtschein, an dem der Feind unsere Stellungen ersehen konnte. Dadurch waren wir angreifbar. Wegen des grellen Lichts sollte man möglichst nicht hinsehen, weil Verblitzungen den Augen gefährlich sind.

Das Schießpulver in der Geschosshülse bestand aus schwarzem Diklochlor 8. Später gab es ein anderes Pulver, das ohne Mündungsfeuer funktionierte. Damit hatten wir mehr Deckung, weil die Flieger unsere Geschützstellung nicht mehr erspähen konnten. Bei bedecktem Himmel haben wir die Wolken von unten angestrahlt und unsere Jagdflieger, die über den feindlichen Fliegern flogen, konnten diese besser sehen. Wir durften dann nur bis zur Wolkenhöhe schießen, um unsere fliegenden Kameraden nicht zu gefährden. Das nannten wir „wilde Sau". In der Regel wurden die Scheinwerfer von Arbeitsmaiden bedient. Das waren junge Mädchen, die damals schon Kriegsdienst leisteten und dafür eingezogen wurden.

Am Geschütz konnte man an den Seitenabdeckwerten erkennen, ob wir auf einen Vorbeiflug oder Direktflug schossen. Ein
Nachtangriff konnte zwei Stunden dauern. Um danach unsere
kalten Füße zu wärmen, rannten wir barfuß im Schnee vor der
Wohnbaracke hin und her und dann schnell ins Bett. Das för-
derte die Durchblutung und wir waren ganz schnell warm.

Unsere Paradeuniformen hingen auf dem Gelände in Erd-
bunkern. Dort lehrte Karl-Heinz seinen Freund tanzen. Wie
man sieht, waren Großstädter kulturell schon weiter.

Sehr schnell hatten wir Freundinnen in Rudow, die uns in den
Stellungen besuchten. Wir gingen dann in die Geschützun-
terkunft mit ihnen. Das nutzten die Kameraden aus, um uns
einen Streich zu spielen: Sie nagelten die Tür von außen zu. Wir
mussten eine Weile ausharren, bis die Geschützführer von „Anton" und „Berta" davon erfuhren und uns befreiten. Die Strafe
für unsere Kameraden, die Geschützbedienungen, bestand am
nächsten Tag aus Liegestützen, Kniebeugen und Stemmen von
Granaten. Die Kerle haben nie wieder etwas zugenagelt!

Einmal hatte Karl-Heinz an Fleckenwasser geschnüffelt und
war betäubt. Geraucht haben wir beide nicht, so konnten wir

unsere Tabakzuteilung mit einer Zigarettenwickelmaschine in Zigaretten formen und an unsere Besatzung verteilen. Manchmal tauschten wir auch gegen Butter. War ein Essen mit Kümmel gewürzt, dann hat Karl-Heinz lieber gehungert. Meine Mutter hatte Plätzchen gebacken, die ich nach meinem Urlaub mit nach Berlin nahm und in meinem Spind verstaute, wo ich auch sonst noch so allerlei aufbewahrte. Nach und nach aß ich davon, als das vermeintlich letzte Plätzchen dran war, biss ich in ein plätzchenähnlich geformtes Stück Seife.

Einen Nachtangriff können wir nicht vergessen. Rund um unsere Stellung waren Luftminen und Brandbomben niedergegangen. Davon haben wir aber wenig gemerkt, weil rund um unsere Geschütze ein dicker Erdwall aufgeschüttet war, der uns vor den Angriffen schützte.

Unser Waffenwart, er war verheiratet und hatte Kinder, lag an einem Geschütz und zitterte vor Angst. Am nächsten Morgen sahen wir den Schaden der vergangenen Nacht: Etwa 300 Meter von uns entfernt brannten viele Einfamilienhäuser. Von einer großen Schule fehlten alle Dachziegel. Wir hatten großes Glück, denn wenn eine Luftmine in der Nähe detoniert, können die Lungen platzen!

Wir waren erfolgreich. Ein Abschuss war uns anerkannt worden, das Flugzeug lag in der Nähe unserer Batterie. Die dreiflügelige Schraube wollten wir in der Geschützmitte als Souvenir aufstellen. Das war so schwer, dass zehn Mann nötig waren, um mit langen Stangen das Gerät zu transportieren. Es war Spätherbst und sehr kalt. Unsere Geschütze mussten durch den TÜV, wie man das heute nennen würde. Die Rohrbelastungen waren zu überprüfen. Dazu wurden die Geschütze auf Eisenbahnwaggon verladen und zu einem Prüfstand an der Ostsee transportiert. Den gab es nur dort. Die Geschütze wurden in Dünenstellungen aufgestellt. Das V0-Scharfschießen zeigte die Anfangsgeschwindigkeit im Rohr an, (Erprobung des Rohres wegen der Schusswerte) das war wichtig beim Schießen im Gruppenfeuer in unserer Stellung in Berlin. Zu überprüfen waren auch Vorhaltewerte von Zünder-, Seiten- und Höhenwerten. An der Ostsee wohnten wir alle in einer großen Baracke, als einige auf die Idee kamen, in der kalten Ostsee baden zu gehen. Sie kamen aber schnell wieder heraus und an den warmen Ofen.

Die Zeit vertrieben wir uns mit Siebzehn-und-vier-Spielen. Sylvester haben wir mit Rotwein gefeiert. Der hatte es in sich. Aber scheinbar feierten die Engländer auch, denn sie kamen nicht.

Im Frühjahr 1944 wurde unsere Stellung von Rudow nach Biesdorf verlegt. Der Umzug erfolgte nachts an Feiertagen. Die Stellung lag etwas außerhalb, umrahmt von Straßen, Bäumen und Häusern. Eine S-Bahn-Verbindung Richtung Berlin-Mitte war nicht weit entfernt. Unsere Endstation war Kaulsdorf. Ein OT-Lager der Bauorganisation Todt war in der Nähe, dort konnten wir zum Duschen hingehen.

Luftangriffe gab es jetzt am Tag. Inzwischen hatten die Amerikaner ihre Luftflotte mit viermotorigen Flugzeugen, „Hallifax", „Librator" und „Lancaster", nach England gebracht. Ab 10 Uhr mussten wir jetzt mit Angriffen rechnen, besonders, wenn der Himmel klar war und die Sonne schien. Das nannten wir Terrorwetter. Meistens dauerten die Angriffe bis 13 Uhr. Wir sahen die Bomberverbände mit ihren Abgasstreifen in einer Höhe von etwa 7.000 Metern. Sie warfen ihre Bomben alle zielstrebig ab. Berlin brannte manchmal tagelang. An den Seitenwerten habe ich immer kontrolliert, ob es ein Anflug oder ein „Flug vorbei" war.

Bei jedem Angriff haben unsere Stellungen meistens 120 Schüsse je Geschütz abgegeben. Einmal flog ein bereits beschädigtes Flugzeug ganz tief an unserer Batterie vorbei. Wir

"Wieso geht unser Rohr heute nicht hoch?"

konnten die Besatzung erkennen, haben aber nicht getroffen. Dann sahen wir ein Flugzeug in unserer unmittelbarer Nähe abstürzen. Der Pilot hing am Seitenleitwerk. Sein Fallschirm hatte sich daran verfangen: Schicksal oder Irrsinn?

Unser RAD-Chef war von Beruf Bäcker. Wenn er uns zu sich rief, verwechselte er häufig die Namen Schlutter und Drigalla. Er glaubte auch den damals schon verlorenen Krieg noch gewinnen zu können. Eines Tages führte er die neue „Waffe Panzerfaust" der Geschützstaffel vor. Er nahm sie auf seine Schulter, entsicherte und drückte ab. Sie war mit Platzpatronen geladen. Der Sprengkopf flog weg, durchschlug die Rückwand unserer Latrine. Diese war mit zwölf Sitzen bestückt. Die zwölfsitzige Latrine bekam der Spitznamen „Zwölfzylinder".

Für unser Lager wurde täglich ein neues Kennwort ausgegeben, das mussten wir nennen, wenn wir die Wache passieren wollten. Beinahe wäre Oberstfeldmeister Dinter eines Nachts erschossen worden. Er war auf Kontrollgang und konnte dem Posten das Kennwort nicht nennen. Das Kennwort hat ihn einfach nicht interessiert.

„Wieso bloß weiß da? Maler Drigalla tun Sie
grünes Gras rein, dann ham´se Grün!"

Zur B1 (Befehlsstelle der Geschütz-Batterie) gehörte eine Langbasis, die sieben Meter lang war. Sie hatte Einrichtungen zum Messen von Entfernung und Höhe der Feindflieger. Dazu gab es ein Funkmessgerät, das elektrische Strahlen aussandte. Trafen diese auf ein Flugzeug und kamen zurück, dann wurden alle Werte sofort im Kommandogerät in Schusswerte umgerechnet und an die Geschütze weitergegeben, die sofort nach Berechnung dieser Werte schossen. Franzosen hatten das Kommandogerät entwickelt. Das Gerät wurde bei klarer Sicht und wolkenlosem Himmel nicht gebraucht, weil man die Flieger sah und direkt schießen konnte.

Gegen diese Technik entwickelten die Engländer sogenannte Pfadfinder-Flugzeuge. Sie flogen vor den Angriffen in großen Höhen für uns unerreichbar und warfen Stanniolstreifen ab. Wenn die Strahlen unseres Funkmessgerätes auf diese Streifen trafen, schaltete es aus. Die Stanniolstreifen baumelten noch am nächsten Tag vom Himmel.

In Biesdorf hatten wir ein Wachhäuschen, das war schwarz-weiß-rot angestrichen. Ich sollte es der besseren Tarnung wegen grün malen. Unser „Kammerbulle" hatte aber nur weiße Farbe. Da sagte unser RAD-Chef, Oberstfeldmeister Dinter:

„Drigalla, tun sie grünes Gras in die Farbe, dann wird sie grün." Ich ging in die Farbenhandlung nach Mahlsdorf und kaufte auf Kosten der RAD-Kasse grüne Farbe und malte los.

Im August 1944 hatte Karl-Heinz Heimaturlaub. Er war in seinem geliebten Dresden, der Stadt seiner Kindheit und Jugend. Als er wieder nach Berlin kam, brachte er einen ganzen Koffer voller Naschereien mit. Seine Mutter hatte ihn damit beglückt.

Bei Fliegeralarm mussten alle Habseligkeiten wie Gewehre, Munition, Klamotten zur B1 (Befehlsstelle 1) oder mit an das Geschütz genommen werden. Unsere gepackten Tornister hatten wir am Geschützstand im Bunker. Der Befehl wurde mehr und mehr vernachlässigt, denn es war nie etwas passiert. Bei einem Angriff fielen aber doch Brandbomben auf unsere Wohnbaracke und alles verbrannte. Die zurückgelassene Gewehrmunition verursachte ein Feuerwerk. Vom Geschütz konnten wir nicht weg.

Leider hatte Karl-Heinz seinen Koffer in der Baracke zurückgelassen. Das war leichtsinnig. Der war jetzt ein Raub der

Flammen. Aber noch mehr Ärger hatte er, weil sein Gewehr vernichtet worden war. Das brachte ihm eine Verwarnung und einen Verweis ein. Die verbrannten Baracken wurden noch am selben Tag durch Wohnwagen ersetzt, für jede Geschützmannschaft einen. Es dauerte drei bis vier Wochen, bis wieder neue Baracken erstellt waren. Später haben wir noch oft an den Koffer mit den verbrannten Habseligkeiten gedacht.

Der Sockel unserer Geschütze war aufgeschraubt und mit einem elektrischen Drehkranz versehen, so konnten wir das Geschütz endlos drehen. Während eines Gefechtes sah ich, dass das Geschützrohr von Karl-Heinz viel niedriger war als alle anderen. Der Waffenwart hatte bei der Rohrbefestigung ein Teil vergessen. Dieses Teil hatte Karl-Heinz als Überbleibsel in seine Manteltasche gesteckt.

Zur Überbrückung der Reparaturzeit wurde Karl-Heinz mit seiner Geschützbesatzung, während ständiger Angriffe mitten in der Stadt zur Brandwache in einer Berliner Bekleidungsfabrik beordert.

Mit unseren Vorgesetzten waren wir nicht immer einer Meinung. Wir gaben ihnen Spitznamen. So nannten wir Unterfeldmeister Gaurieder Bürohengst, Haupttruppführer Ex-

„Geschützführer Schlutter, Was war mit Rohr?
„Haltekeil vom Rohr in der Tasche!"

ner Schnellsprecher. Er war Versorger und Oberfeldmeister Seidel leitete die Messstaffel, er war der Vernünftigste.

Hatten wir einen Tag Urlaub, dann fuhren wir mit der S-Bahn nach Berlin. Ruinendreckhaufen wuchsen und wurden von Mal zu Mal mehr. Die Engländer hatten die Straßen regelrecht umgepflügt. Stadturlaub gab es jetzt immer nur noch für einen Geschützführer, der dann von einem Kanonier vertreten wurde. Man ging mal in das Hotel Adlon einen Kaffee trinken oder in ein Lokal am Kurfürstendamm, in dem eine Kapelle Musik machte.

Wegen unseres Sterns auf der Schulterklappe wurden wir sogar von Unteroffizieren militärisch gegrüßt. Während ich Stadturlaub hatte, heulten die Sirenen auf. Dann bin ich am Alexanderplatz in die nächste S-Bahn Richtung Biesdorf gestiegen. In Kaulsdorf bin ich ausgestiegen und habe an einem Wiesenhang sitzend dem Angriff zugesehen. Erst danach habe ich mich bei der Wache vom Stadturlaub zurückgemeldet.

Karl-Heinz an der Kanone und in Ausgehuniform

Der Sommer 1944 war sehr schön. Wir rannten in Turnhosen herum, auch am Geschütz und beim Exerzieren. Abends besuchten wir manchmal im nahen Biesdorf eine Gaststätte, in der wir bei einem Bier Billard spielen konnten. Die Geschützbesatzung war informiert und übernahm unsere Aufgaben, bis wir zurückkamen. Alarm gab es bei uns schon, bevor die Sirenen heulten. Wenn die in der Nähe stationierte Heimatflakbatterie die Geschütze besetzte, wussten wir, dass es bald losging. Wir hörten das Geschützstaffel-Hupsignal und waren schnell an unserem Platz.

In halbjährigem Turnus übernahm die Wehrmacht die Mannschaften und ersetzte sie durch neue Arbeitsdienstleute. Junge Leute aus Berlin kamen zu uns.

Von Mal zu Mal wurden sie jünger und schwächer. Ich erinnere mich an die Namen Ponsong, Splett, Nalaskowsky und den Ratke, der eines Sonntags während der Besuchszeit für Angehörige zu mir kam und sagte, seine Schwester sei da und möchte mich kennenlernen. Ich ging mit und fand ein hübsches Mädchen, mit dem ich im leerstehenden Geschützunterstand eine Liebelei begann.

Für acht feindliche Abschüsse wurden wir zum Hauptvormann befördert und erhielten das Flakkampfabzeichen. Karl-Heinz erhielt das EK II sowie 6 Tage Heimaturlaub für die Geistesgegenwart eines Munitionskanoniers, der eine Brandbombe aus einem Munitionsstapel über den Geschützwall geworfen hatte. Nicht auszudenken, was ohne diese mutige Tat passiert wäre.

Leider konnte er seinen Heimaturlaub nicht mehr antreten, weil Berlin inzwischen zur Festung erklärt wurde. Niemand durfte die Stadt verlassen.

„Deckung, Fliegerbombe im Objekt!"

Während der Luftangriffe mussten die Geschützführer nach jedem Schuss den Rohrrücklaufschieber hochschieben. Dadurch konnten wir erkennen, ob es ein Versager war oder der Schuss das Rohr verlassen hatte. Beim Versagen musste der Geschützführer von Hand das Rohr frei machen. Er zog den Verschluss am Geschütz auf und rüttelte so lange, bis die Granate aus dem Rohr kam und vom Ladekanonier aufgefangen und aus dem Geschützstand hinausgebracht wurde. Den Geschosskopf legte man aus Sicherheitsgründen in die dem Geschützstand abgewandte Richtung. Wenn die Munition knapp war, konnte man diese Geschosse verwenden und meistens funktionierten sie auch.

Wenn eine Geschosshülse nach dem Abschuss noch im Verbrennungsraum des Rohres steckte, nannten wir das Hülsenklemmer. Der Geschützführer musste wieder den Verschluss öffnen und so lange rütteln, bis die Hülse heraus kam. Klappte das nicht, dann wurde außerhalb des Geschützstandes eine Eisenstange, die mit Korkringen versehen war, so lange in das Rohr gestoßen, bis die Hülse aus dem Verschluss kam. Am Hülsenboden konnte man an einer Markierung erkennen, wie oft die Hülse schon gefüllt worden war.

Einmal gab es einen sehr tragischen Unfall, weil der Geschützführer nicht auf den Rohrrücklaufmesser geachtet hatte. Das
eingetretene Problem hielt er für einen Hülsenklemmer, die
Geschosshülse war nicht ausgeworfen worden. Tatsächlich
steckte das scharfe Geschoss aber noch im Rohr, es war ein
Versager. Mit voller Wucht wurde die Eisenstange auf den
Geschosszünder gestoßen, der explodierte und es gab Tote
und Verletzte.

Wir sahen lange Güterzüge mit gebrauchten Privatautos in
Richtung Osten fahren. Nachdenklich meinten wir, dass das
die letzten Reserven der Nazis seien. Erneut gab es nachts
einen Stellungswechsel nach Lichterfelde, das Gelände war
gleich neben einem Sportplatz. In ca. 60 Metern Entfernung
standen viele Straßenbahnen. Wegen der zerbombten Oberleitungen, konnten ja in Berlin keine mehr fahren, dahinter waren
noch hohe Häuser, links Schrebergärten und rechts ein Park.

Wieder wurden Kanoniere unserer Geschützstaffel zur Wehrmacht eingezogen. Als Ersatz für sie kamen Jungen zu uns, die
fast noch Kinder waren. Weil den Jungen die Kraft fehlte, die
Munition in der vorgegebenen Zeit zu transportieren, eine Granate wog 25 Kilo, konnte die Feuerfolge nicht mehr eingehalten

werden. Deshalb wurden uns zusätzliche Flakhelfer zugeteilt. Es waren Volkssturmleute, nicht wehrtaugliche und ältere Männer. Wir schickten die drei Jungen aus der Stellung, sie standen uns mehr im Weg, als dass sie eine Hilfe gewesen wären.

Mit den täglichen Luftangriffen waren wir rund um die Uhr beschäftigt, während die feindlichen Soldaten immer näher rückten. Unsere Kanonen mussten wir immer häufiger auf Erdbeschuss einrichten. Von Weitem hörten wir Geschützdonner. Die Russen waren schon bis zur Oder vorgerückt. Deren Stellungen markierten wir mit Stecknadeln auf einer Landkarte. Das sah bedenklich aus. Ich hatte schon einen Fluchtplan gezeichnet, um Berlin möglichst schnell zu verlassen, aber Karl-Heinz zögerte. Viele Soldaten aus anderen Stellungen kamen vorbei, bis die Russen schon die Umgebung von Berlin erreichten. Plötzlich gab es einen Nachtangriff. Eine Bombe traf ein Gebäude ganz in der Nähe unserer Geschützstellungen. Wir flogen durch eine Staubwolke. Gott sei Dank war uns nichts passiert.

Einmal holten wir aus der Küche Pellkartoffeln und Quark. Wir wollten auf unserem Kanonenofen Quarkkeulchen backen. Beim ersten Versuch waren sie uns angebrannt. Da wir kein Mehl hatten, versuchten wir, es mit Fußpuder. Das ging gut. Ein anderes Mal versuchten wir aus Erbsensuppenwürfel eine Mahlzeit zu machen. In einem Kochgeschirr füllten wir die Würfel mit Wasser und stellten das Ganze auf den Ofen. Wir hätten 100 Mann damit versorgen können, so sehr waren sie aufgequollen.

Amerikanische Luftangriffe gab es jetzt nicht mehr. Dafür flogen russische Flugzeuge sehr tief. Mit einer Zündereinstellung von wenigen Sekunden haben wir sie beschossen. Eines Nachts nahmen wir ein sehr langsam fliegendes russisches Flugzeug wahr. Man sagte, es würde Handgranaten werfen. Wir nannten es Nähmaschine, weil die Geräusche, die es verursachte, so klangen.

Es war schon Mitte April 1945. Die Sonne schien warm und wir hatten jetzt den ganzen Tag Alarm. Ein vorgeschobener Beobachter im Osten von Berlin gab uns die Schusswerte durch und wir schossen im Gruppenfeuer auf russische Infanteriepanzer. Von dem Beobachter haben wir danach nichts mehr gehört. Unsere Geschosse waren Aufpraller mit hochgezogenem Sprengpunkt. Das bedeutet, sie prallten auf der Erde auf, gingen dann wieder hoch und explodierten in ca. zehn Metern Höhe. Die Höhe der Explosion war variabel und konnte von uns je nach Ziel vorgegeben werden.

Wie ein Lauffeuer verbreitete sich die Nachricht, dass drüben im Park ein verlassener russischer Panzer stehe. Den haben wir besichtigt. Das Geschützrohr war schräg aufgebohrt, die Panzerplatten zeigten Schweißnähte. Zielgenaues Schießen war damit nicht möglich, also schnelle Arbeit, sibirischer Pfusch. Man nahm es dort nicht mehr so genau und glaubte, der Krieg sei schon beendet.

Einige Leichtsinnige hatten sich von einem nahen Depot russische Trommelrevolver besorgt. Junge Leute, die den Ernst der Lage nicht so recht wahrhaben wollten. Nicht auszudenken, was passiert wäre, hätte man sie damit erwischt. Einer von ihnen hatte sich beim Hantieren mit der Waffe in den Fuß geschossen und humpelte herum. Die Tage vergingen jetzt sehr schnell.

Ganz in unserer Nähe stand eine Batterie Feldhaubitzen der Wehrmacht. Plötzlich schossen sie Steilfeuer. Das bedeutete, die Russen standen schon an der Straße hinter den Häusern! Jetzt setzte Hektik ein. Jeder Geschützführer hatte die Aufgabe, auf Befehl seine Kanone unschädlich zu machen, damit sie dem Feind nicht in die Hände fiel. Ende April 1945 war es soweit. Die Waffenwarte kamen und brachten Sprengsätze an den Geschützen an. Die Munition aus den Munitionsbunkern wurde auf das Geschütz gepackt. Ich erhielt eine Panzerfaust,

„Drigalla, vor den sprengen der Geschütze
lässt du den Maschinensatz hochgehen!"

womit ich den Maschinensatz in die Luft jagen sollte, sobald alle in Sicherheit waren. Er war in die Erde eingegraben und hatte einen Eingang.

Ich kniete nieder, legte die Panzerfaust auf meine Schulter, entsicherte, zielte und schoss. Nach einem lauten Knall mit Explosion rappelte ich mich auf und ging zur Sammelstelle an der Befehlsgruppe 1 in Friedrichsfelde.

Mitnehmen durfte man nur Gewehr, Brotbeutel, Feldflasche und Gasmaske. Letztere haben wir später weggeworfen und in die Hülle Butter und Marmelade gefüllt. Geschlossen marschierten wir einen Tag lang mit Gepäck und Ausrüstung Richtung Innenstadt. Wir waren kaum 500 Meter von der Stellung entfernt, als unsere Batterie in die Luft flog. Das schwarze Röhrchenpulver (sah aus wie Makkaroni) in unseren Granaten flog hoch und endzündete sich wie ein Feuerwerk. Dies bot uns einen schaurig-schönen Rückblick auf die Zeit der RAD-Flakbatterie.

Am nächsten Morgen marschierten wir zu einer U-Bahn, die tatsächlich noch fuhr. Ausgestiegen sind wir am Flughafen Tempelhof. Hier waren viele unterwegs: Privatleute, Wehrmacht und wir vom RAD. Wir marschierten durch die Stadt

„Karl-Heinz, der Grunewald wird unser
Ende werden!"

und kamen in einer organisierten Unterkunft in Wilmersdorf an. Unterwegs sagte der Ladekanonier Splett: „Hauptmann, da drüben wohne ich." Ich sagte leise zu ihm: „Verschwinde unauffällig, mach's gut." Gesehen haben wir uns nicht mehr.

Am nächsten Tag setzten wir unseren Marsch in Richtung Grunewald fort. Während einer Pause sagte ein Grenadier der Wehrmacht zu uns: „Macht die Hakenkreuzbinden ab und werft die russischen Pistolen weg, Gnade euch Gott, wenn das die Russen sehen." Den wohlgemeinten Rat haben wir aus Angst befolgt.

Zu Fuß führte uns der Weg weiter nach Charlottenburg, dort war eine Sammelstelle in einer Stadtschule eingerichtet, wo wir noch einmal Verpflegung und Unterkunft für eine Nacht erhielten. Es gab auch Verpflegung zum Mitnehmen und Schnaps in die Feldflaschen.

Mit Militärfahrzeugen ging es unter Beschuss weiter in den Grunewald, vorbei an schönen Einfamilienhäusern. Zwischen den Häusern standen Bäume. Die Einheit wurde auf verschiedene Häuser verteilt. Der kleine unscheinbare Milke kam vorbei und sagte, dass er in den Ruinen den Russen in die Arme

„Die Russen machen und fertig, Hilfe!"

gelaufen sei, die hätten gesagt: „Du geh zu Mutter, Krieg alle."
Es kamen drei Deutsche Panzer, genannt „Tiger". Um den
Turm herum hingen Würste. An einem Feldtennisplatz hatten sich Volkssturmmänner eingegraben und warteten darauf,
abgelöst zu werden. Einige von uns hatten im Wald ein russisches Packgeschütz und Munitionskisten gesehen. Die Munition war zu groß und passte nicht in das Rohr.

Ein Spähtrupp der Armee kam vorbei. Die Soldaten sagten:
„Schießt nicht auf uns, wenn wir zurückkommen." Sie verschwanden im Grunewald, wir hörten einen Schusswechsel. Sie
kamen nicht wieder.

Am Abend zogen wir uns zurück, dabei mischten sich Wehr-
machtssoldaten unter uns, die versuchten, aus Berlin nach
Süden rauszukommen. Bei einem Halt rief plötzlich jemand:
„Panzerfäuste nach vorn!", das bedeutete, dass in einem Haus
Russen waren, die bekämpft werden sollten.

Wir hörten nachts Schüsse. Am nächsten Morgen gingen wir
in einem Gartengelände in Stellung. Überall waren Ruinen.
Auf einer Kreuzung stand ein Handwagen, darauf lagen zwei
tote Zivilisten. Wir sahen zwei von unseren Arbeitsdienst-

männern mit dem Gesicht nach unten tot auf der Straße liegen. Ihre Blutlachen waren schon eingetrocknet. Daneben im Garten ein toter Russe, auch auf dem Gesicht liegend. Ein grotesker Anblick. Das Leben war so schaurig, dass niemand Appetit haben konnte, es ging ums nackte Leben. Man versuchte, sich Löcher in die Erde zu graben, um wenigstens ein bisschen Schutz zu finden.

Obwohl die Russen nicht mehr weit entfernt waren, blieb es den ganzen Tag ruhig. Gegen Abend trafen noch junge SS-Soldaten ein, die unserer Truppe zugeteilt worden waren. Sie wurden mit uns für jeweils zwei Stunden als Wachen eingeteilt.

Noch während der Nacht, zwischen 23 und 24 Uhr, wurde unsere 80 Mann starke Einheit von russischen Soldaten überfallen. Eigentlich rechneten wir mit dem Angriff von vorne, umso unangenehmer war die überraschende nächtliche Schießerei von hinten.

Wir warteten vergebens auf unsere Wachablösung. Dies veranlasste Karl-Heinz noch einmal zurückzugehen, um in den Häusern nach den Kameraden Ausschau zu halten. Zu seinem Entsetzen waren alle fluchtartig davongestürzt, denn es lagen etliche Stahlhelme und Kleidungsstücke herum.

Mit dem Fernglas konnten wir in etwa 200 Metern Entfernung sehen, dass viele Russen eine Straße überquerten. Wie aus heiterem Himmel kamen eine Frau mit einem Kind und zwei ältere Leute über die Kreuzung, sie verschwanden in einer Seitenstraße. Chaotische Zustände herrschten in Berlin. Niemand wusste, was los war und was man machen sollte oder konnte.

„Wieso abhauen, wir suchen unsere Flakeinheit!"

3. Kapitel

Heinz trennt sich von der Truppe

Am 23. April 1945 kam der von uns sogenannte „lange" Ponsong von der Befehlsgruppe 1 zu Heinz und sagte: „Hauptvormann, ich wohne am Rand von Charlottenburg, gehen sie mit?"

Wir konnten tatsächlich am hellen Tage, einfach so daraufflosmarschieren, da sich niemand mehr für uns interessierte. So glaubten wir wenigstens. Aber den Grunewald hatten wir kaum verlassen, da hielt hinter uns ein Motorrad mit Seitenwagen. Fahrer und Beifahrer hatten ein Metallschild an Ketten auf der Brust hängen, darauf stand „Militärpolizei." Es waren die gefürchteten Kettenhunde, die Ausreißer hinter der Front suchten. Nun, wir waren ja vom Reichsarbeitsdienst und meine beiden Sterne auf der Schulterklappe waren auch zu sehen. Sie fragten uns vorsichtig, wohin wir wollten. Ich sagte, dass wir unsere RAD-Einheit suchten und aus dem Stützpunkt in Berlin kämen. Zufrieden drehten sie um und suchten hinter der Front nach weiteren Deserteuren.

„Herr Ponsong, die zwei Soldaten in ihrer Wohnung müssen sofort wieder raus!"

Im Sonnenschein lag Charlottenburg vor uns. In der Stadt stiegen Brandwolken hoch. Rundum waren wenige Ruinen zu sehen. Es sah alles so komisch aus, als wir das Elternhaus von Ponsong erreichten und die Treppe zur Wohnung hochgingen. Ein freudiges Wiedersehen mit dem einzigen Sohn folgte.

Ich legte mein Flakkampfabzeichen auf eine Ablage, wir beide zogen die RAD-Uniform aus, verbrannten die Ausweise, wuschen uns, zogen Privatsachen an und aßen etwas, als es klingelte.

Als Herr Ponsong wieder hereinkam, sah er sehr blass aus. Er sagte: „Ein sogenannter Nazigoldfasan in goldgelber Uniform war da. Soldaten dürfen in keine Wohnungen, ihr müsst wieder gehen." Wir zogen die Uniformen an, nahmen unter der Zeltplane Privatsachen mit und verließen mit der Flinte das Haus.

In einem Ruinenfeld fanden wir einen noch heilen Keller. Dort zogen wir uns erneut um. Ich sah mich etwas um, als plötzlich ein Mann mit kurzen Hemdsärmeln und Hosenträgern aus einer Ruine trat. Beide schauten wir verblüfft und der Mann verschwand wieder. War es einer oder waren es mehrere, die sich dort versteckten?

„Wir nix kapito, wir Italjanjos!"

Bei Dunkelheit wollten ich und mein Begleiter Ponsong wieder zurück in die Wohnung. Wir gingen deshalb in diese Richtung und fanden Unterschlupf in einem Verlies unter einer Treppe. Hinter diesem Haus befanden sich noch ein kleiner Hof und ein Hinterhaus. Am späten Abend wurde die kleine Tür geöffnet und ein Mann reichte uns belegte Brote. Er war etwa sechzig Jahre alt, hatte ein Oberlippenbärtchen und hatte eine Schiebermütze auf. Dieser Mann kam am nächsten Morgen wieder und sagte: „Kommt mit in unseren Luftschutzkeller und ruht euch dort aus." Der Luftschutzkeller war im Hinterhaus und wir gingen mit. Nach etwa zwei Stunden kam der Mann wieder und sagte: „Leider müsst ihr jetzt wieder gehen, die Frauen fürchten, dass es zu gefährlich sei, wenn ihr euch hier versteckt." Er fügte noch hinzu, dass sein Bruder am Abend komme und der sei Nazi.

Beide krochen wir wieder in das Verlies unter der Treppe und warteten die Dunkelheit ab, um dann in die Wohnung zu gehen. Plötzlich wurde die Tür aufgestoßen und ein Fahrrad hereingeschoben. Vermutlich war es der Nazi, der uns aber nicht sehen konnte, weil wir unter herumliegenden Teppichen lagen.

„Danke liebe Schwester!"

Am Morgen kamen etwa zehn Soldaten über den Hof und verschwanden auf der Straße. Es schien uns hier zu gefährlich, deshalb versuchten wir etwas Besseres zu finden.

Wir gingen über einen großen Platz mit vielen Straßenabzweigungen, gerieten in eine Panzerabsperrung. Hier gab es eine Schießerei mit Russen. Wir mussten zurückgehen, kamen in eine Volkssturmsperre und wurden gefragt, wohin wir wollten.

Ich erinnerte mich, dass uns Herr Ponsong in seiner Wohnung von einem Italiener-Lager in dieser Gegend erzählt hatte und antwortete: „Wir Italianos." Der Mann sagte: „Hier nix, geht zurück in Lager." Das ließen wir uns nicht zweimal sagen.

Als wir an dem großen Platz um die Ecke bogen, explodierte auf der Straße gegenüber eine Granate; vermutlich von einem russischen Mörser. Ich bekam einen Schlag und rannte nach hinten in den zerbombten Laden, blutend, mit Splittern an Gesicht, Brust, Bauch, Hand und Arm. Da fiel mir ein, dass ich auf dem Weg eine Rote-Kreuz-Fahne gesehen hatte und rannte hin. Ponsong war verschwunden, er hat möglicherweise bei der Explosion sein Leben verloren. Eine Rote-

Kreuz-Schwester legte mir Verbände an und nahm mich mit nach oben in eine Wohnung, vielleicht ihre eigene. Sie gab mir einen Cognac, der mich taumeln ließ und führte mich über die Straße in den Keller eines Hauses. Dort lagen schon viele Verwundete!

Alle Verletzten, die in der Lage waren zu laufen, wurden nachts von Sanitätern abgeholt. Der Weg führte von Keller zu Keller, erstaunlicherweise brannte dort Licht, wir kamen zu einem Verbandsplatz. Dort sagte ich dem Arzt: „Wir waren als RAD-Einheit im Grunewald eingesetzt, wurden umzingelt, haben in einem Haus Privatsachen angezogen und sind geflüchtet." Das interessierte hier niemanden mehr.

Ich wurde von einem Sanitätsauto in ein Hilfslazarett am Kurfürstendamm in der Uhlandstrasse 9 gebracht. Es war ein Bürogebäude des Kohlensyndikat Troll. Das Haus war voll belegt, Verwundete lagen sogar auf den Gängen. Eine Reichsarbeitsdienstmaid hatte beide Beine verloren, andere hatten Lungensteckschüsse und weitere schlimme Verwundungen. Zu essen gab es hier nichts, woher auch? In einem Raum lagen auch russische Verletzte.

Berlin war inzwischen in russischer Hand. Russen kamen auch ins Lazarett, um nach Wertgegenständen zu suchen. Zu mir kam ein klein gewachsener Mongole, er suchte nach meiner Uhr. Obwohl er bei mir keine fand (ich hatte sie unter dem Kopfkissen versteckt) gab er mir ein paar Zigaretten. Uhren waren bei allen Russen heiß begehrt.

Plötzlich knallte es vor dem Hilfslazarett, ein Auto mit Gewehrmunition war explodiert. Da kam ein leicht verletzter Arbeitsdienstmann zu mir und sagte: „Hauptvormann, unten im Kellergang liegt Oberfeldmeister Dinter. Er ist tot."

Hohe russische Offiziere kamen und sagten: „Wer laufen kann, darf nach Hause gehen. In der Halle des Lazaretts saßen eine deutsche Krankenschwester und ein russischer Offizier. Sie stellten Begleitscheine aus, mit roten Rändern, auf denen in Deutsch und Russisch stand, dass die Inhaber der Begleitscheine unbehelligt nachhause gehen dürften. Inzwischen hatte sich herumgesprochen, dass die Amerikaner bis Thüringen gekommen waren und mit den Russen eine Frontlinie bildeten.

„Nix Uri? Nu da rauch!"

Im Lazarett hatte ich einen Bayern kennengelernt, der wollte mit mir nach Meißen und von dort nach Bayern gehen. Am Nachmittag des 4. Mai 1945 marschierten wir beide los und übernachteten außerhalb Berlins in einem Schrebergarten. Wir fanden dort zwei Teppiche, die wir zum Zudecken nutzten. Gott hatte Mitleid mit uns Gestrandeten. Die Tage waren warm. Man traf immer wieder auf Soldaten, die nachhause wollten. Sie waren nicht verwundet, aber ihre Truppen hatten sich aufgelöst. Das Elend war überall riesengroß.

Wir trafen auf dem Berliner Autobahnsüdring auf Russen, die nach Uhren suchten, aber keine fanden. Sie kannten das Versteck der Deutschen noch nicht: die Uhren waren hinten am Hosenträger aufgehängt.

Das nächste Nachtlager fanden wir in Treuenbrietzen. Ein Mädchen und ein Junge waren auf dem Heimweg von Jüterbog nach Coswig. Sie waren auf einem Gut im Landjahr gewesen und gingen nun ein Stück mit uns.

Die nächste Station war Schweinitz, wo uns ein nettes älteres Ehepaar Bewirtung und Unterkunft für eine Nacht gewährte. Hier wurden auch die Füße gekühlt und die Blasen ver-

„Oma, das tut nach 50 Kilometer
Tagesmarsch Gut!"

bunden. Wieder kam ein schöner Maitag. Es war warm und sonnig. Vor dem Forst Annaburg trafen wir auf einen Trupp Bayern, die sich auch auf dem Weg nachhause befanden. Ihnen schloss sich mein bayerischer Begleiter an.

Mit den beiden Jugendlichen erreichte ich die Elbe bei Torgau. Dort waren Amerikaner und Russen zusammengetroffen. Das sah man an den Flaggen. Sowohl die russische wie auch die amerikanische waren, an der von gehorsamen Deutschen gesprengten Elbbrücke, gehisst.

Während die beiden Landjahrbegleiter auf der rechten Elbseite blieben – denn sie wollten ja nach Coswig – überquerte ich die Brücke und ging nach vier Tagen in Begleitung die letzten Kilometer allein weiter. Auf diesem rund 250 km langen Marsch übernachtete ich in der letzten Nacht im Dorf Taura bei Torgau in einem Bauerngut. Die gastfreundliche Hausfrau bereitete mir Plinsen und ich musste ihr von Berlin erzählen.

Am nächsten Tag feierte ich Geburtstag. Es war mein neunzehnter. Über Lommatzsch kam ich am Nachmittag in Miltitz an. Zufällig stand meine Mutter in der Haustür. Die Überraschung war groß. Begrüßung, Umarmung, Überraschung

„Mutti, genau zu meinem 19 Geburtstag, am 9.Mai 1945, bin ich wieder zu Hause!"

und Geburtstagswünsche, alles auf einmal. Es war unglaublich. Eines Tages kam Mutter Schlutter nach Miltitz, um etwas über den Verbleib von Karl-Heinz zu erfahren. Ich wusste aber nicht, ob er noch lebt. Ich hatte ihn nach meiner Flucht weder gesehen noch gehört.

Vater Ponsong schrieb mir im Sommer 1945 und erkundigte sich nach dem Verbleib seines Sohnes. Leider hatte ich ihn nach meiner Verwundung nicht mehr gesehen. Falls er dieser Explosion zum Opfer gefallen war, geschah es beinahe vor der elterlichen Haustür! Es konnte niemand verständigt werden, denn unsere Ausweise hatten wir beide ja im Hause Ponsong verbrannt. Das war sehr tragisch und traurig.

4. Kapitel

Karl-Heinz wird gefangen genommen
und nach Russland transportiert

Karl-Heinz erzählt: Nachdem alle Kameraden verschwunden waren, befand ich mich in großem Gewissenskonflikt. Sollte ich noch einmal zu meinem Wachposten zurückkehren, um meinen SS-Kameraden zu informieren oder mir ein Versteck suchen? Ich entschied mich für Ersteres. Zusammen gingen wir die Straße zurück und versuchten mehrmals in umliegenden Häusern Unterschlupf zu finden. Die Menschen, die in den Kellern überlebt hatten, verweigerten uns den Zutritt. Zu groß war ihre Angst, sich und ihre Familien durch die Soldaten noch mehr zu gefährden. Uns blieb nichts anderes übrig als der Versuch, die Gefahrenzone zu verlassen.

Um uns herum lagen viele Tote aus unserer Einheit. Es war ein entsetzlicher Anblick, aber wenigsten hörten wir kein Wimmern, denn alle waren tot. Wir gingen schnell weiter, bis wir an einer Brücke ein Motorrad in der Dunkelheit fanden. Ich tastete nach dem Zündschlüssel und konnte starten. Im selben Augenblick fielen Schüsse, ich ließ das Motorrad wieder fallen. Wir liefen schnell unter die Brücke, die über einen trockenen Graben führte und versuchten, die andere Seite zu erreichen. Als es wieder ruhig wurde, verließen wir unser Versteck unter der Brücke und kletterten die Böschung hinauf. Es war stockdunkel, doch plötzlich brüllte jemand „Stoi," das russische Wort für halt. Wir waren den Russen direkt in die Arme gelaufen!

Ziemlich unsanft wurden wir gepackt und an einem Militärkonvoi vorbei zu einem großen Haus gebracht, wo uns ein russischer Major in Empfang nahm. Er fragte uns auf Deutsch, woher wir kämen. Als ich ihm erzählt hatte, dass wir auf unserem Wachposten nicht abgelöst wurden, sagte er: „Schlechte Nemskis"(Deutsche) und dann: „Morgen könnt ihr nachhause gehen, der Krieg ist vorbei." Er winkte einen anderen zu sich und befahl ihm, uns in den Keller eines Hauses zu bringen. Dann sprach er einige russische Worte, die wir nicht verstanden. Nun wurde ich weggebracht und der Kamerad blieb zurück. Seitdem habe ich von meinem SS-Kameraden nichts mehr gehört und gesehen.

Im Keller waren einige Zivilpersonen. Einer Frau aus dieser Gruppe gab ich mein EK II, mit der Bitte, es meiner Mut-

„Was ist das da hinten bei uns für ein Krach?"
„Und die Ablösung kommt auch nicht!"

ter nach Dresden zu schicken und sie zu informieren, dass ich noch am Leben sei. Leider kam dort kein Lebenszeichen von mir an. Ein Russe gab mir ein Stück Brot mit Speck, das ich heißhungrig verzehrte. Schlafen konnte ich dann auf dem Kellerfußboden bis zum nächsten Morgen.

Durch laute Stimmen auf der Straße wachte ich auf und gleich darauf wurde mir mit den Worten „dawai, dawai" klar gemacht, dass ich auf die Straße gehen sollte. Zu meinem Erstaunen sah ich viele zusammengetriebene Soldaten. Vier davon kannte ich von meiner letzten Einheit, ich fragte sie, wo die anderen geblieben wären. Sie erzählten von dem furchtbaren Feuergefecht der letzten Nacht, aber niemand wusste etwas über deren Verbleib. Ich war entsetzt bei der Vorstellung, dass ich noch am letzten Kriegstag mein Leben hätte verlieren können.

Eskortiert von sechs mit Bajonetten bewaffneten Russen, marschierten wir zum nächsten Sammelplatz. Leider erfüllten sich die Worte des russischen Majors nicht. Aus dem Nachhausegehen am nächsten Morgen wurde nichts. Wir marschierten weiter durch den Grunewald, vorbei an verschiedenen Sammelstellen. Immer mehr Gefangene kamen hinzu, bis die Zahl 2000 erreicht war. Zwischendurch wurde wiederholt abgezählt. Furchtbare Schicksale ereigneten sich. Zivilisten, die uns Trinkgefäße mit Wasser reichen wollten, wurden misshandelt, die Eimer umgestoßen und die Leute zurück in ihre Häuser gedrängt. Drei Gefangene waren sehr erschöpft, mussten sich aber trotzdem bis außerhalb der Häuser weiter schleppen. Dort wurden sie erschossen. Damit die Personenzahl wieder stimmte, wurden flüchtende männliche Zivilisten dem Transport zugeordnet.

An der nächsten Zählstelle erkannten unsere Bewacher zwei SS-Leute an ihrer Uniform. Die töteten sie vor aller Augen durch Genickschuss.

Erneut wurden Zivilisten gezwungen, unserer Gruppe zu folgen. Wir marschierten den ganzen Tag durch viele Dörfer. Die Nächte verbrachten wir in Scheunen und großen Bauernhöfen. Aus russischen Feldküchen erhielten wir einmal am Tag eine warme Mahlzeit, sie bestand aus Graupen-, Bohnen- oder Krautsuppe, sonst gab es nichts, auch kein Brot.

Nach drei Tagen erreichten wir ein Gefangenenlager, in dem zuvor östliche Zwangsarbeiter von der Deutschen Wehrmacht untergebracht worden waren. Dort, am Rande Berlins, erlebten wir das Kriegsende mit lauten Kanonenschlägen der Alliierten. Die Munition wurde ja jetzt nicht mehr gebraucht. Es war der 8. Mai 1945, mein 19. Geburtstag.

Sagan war das nächste Ziel. Unter verstärkter Bewachung marschierten wir zwei Wochen lang bis nach Schlesien. In den kalten Mainächten mussten wir häufig auf Feldern und Wiesen kampieren. Zum Glück erlebten wir nur eine Regennacht. Die nasse Kleidung musste am nächsten Tag auf dem Körper trocknen; grauenhaft.

Endlich hatten wir das große Gefangenenlager erreicht und ein Dach über dem Kopf. Es gab uns das Gefühl der Geborgenheit.

Hier erhielt jeder eine Runkelrübe mit Brot. Einen Tag lang blieben wir in den Baracken, dann mussten wir wieder zum Zählen antreten und wurden zur Arbeit eingeteilt. Riesige Munitionslager mussten zur Rückführung nach Rußland verladen werden. Nach zwei Wochen ging die Fahrt im Güterwaggon weiter nach Oppeln. Das Gefangenenlager war hier noch viel größer als die vorhergehenden. Wir entdeckten Berge von Ausweisen und Soldbücher, die den Gefangenen abge-

„Nix mehr Krieg,
du jetzt Schwarzmeer, in Kohle!"

nommen worden waren. Wir alle durchsuchten den Haufen in der Hoffnung, unsere eigenen Papiere zu finden, doch das war unmöglich in dieser Masse.

Zum ersten Mal seit langer Zeit gab es wieder richtige Verpflegung. Das Frühstück bestand aus trockenem Brot, Malzkaffee oder Tee. Mittags gab es meistens Kartoffelsuppe mit Rüben, mal dünner und mal dicker. Wer sein Frühstücksbrot morgens nicht ganz aufgegessen hatte, konnte abends noch etwas essen. Bei dem wenig nahrhaften Essen waren wir immer hungrig. Drei Wochen lang musste ich mit anderen Kartoffeln schälen. Manche aßen dabei Rohe, durften sich aber nicht erwischen lassen.

Der Abfall wurde täglich aus dem Lager transportiert. Eines Morgens versteckte sich einer der Kameraden unter diesem Müll und gelangte damit in die Freiheit. Beim nächsten Morgenappell fehlte eine Person. Das Lager und die Umgebung wurden erfolglos durchsucht. Dafür gab es an diesem Tag nichts zu Essen und wir wurden hart geschunden. Mir hatte er vorher seine Adresse gegeben und nach dem Krieg habe ich ihn besucht. Er hatte sich zu seinen Eltern durchgeschlagen und war Rechtsanwalt in Krefeld geworden.

Eines Tages hörte man munkeln, dass in der nächsten Zeit ein Transport Richtung Westen zusammengestellt würde. Jeder hoffte dabei zu sein. Endlich war es soweit und ich hatte das Glück, an diesem Morgen zu den ersten 500 Gefangenen zu gehören.

Jedoch die Freude war zu früh. Wir fuhren gegen die Sonne. Das musste die falsche Richtung sein. Einige meinten, dass das nicht sein könnte, der Zug würde vielleicht nur noch eine Kurve machen.

Aber leider tat er das nicht; die Fahrt ging weiter nach Osten. In 10 Güterwagen eingepfercht, die mit Zwischenböden ausgestattet waren, um so die doppelte Anzahl von je 50 Personen unterzubringen. So fuhren wir 4 Wochen lang Tag und Nacht.

Als Mahlzeit gab es lediglich eine dünne Wassersuppe und trockenes Brot, gelegentlich statt Brot eine rohe Runkelrübe. Zweimal täglich wurde ein Eimer Wasser für alle in den Waggon gestellt. Die Notdurft musste während der Fahrt an einer spaltbreit geöffneten Schiebetür verrichtet werden. Das war nicht ganz einfach, zumal bei 50 Personen in einem Güterwagen. Vielleicht kam dem einen oder anderen dabei der Gedanke, den Spalt weiter aufzuschieben, um herauszuspringen; aber die Tür war am Griff so mit einem Balken arretiert, dass sie nicht weiter aufging.

An der Grenze mussten wir in die russischen Breitspurwagen umsteigen und hatten etwas mehr Platz, obwohl jetzt nur noch an einer Seite ein Zwischenboden eingezogen war. Bei vielen Zwischenstopps wurden weitere Waggons angehängt. Schließlich erreichten wir das Reiseziel Mokokalina am Schwarzen Meer nur noch mit 1000 Mann.

Bis zur Weiterfahrt dauerte es oft Stunden, weil andere Züge vorbeigelassen wurden. Diese waren mit in deutschen Fabriken demontierten Maschinen und anderen Materialien beladen in der Absicht, es in Rußland wiederzuverwenden. Hin und wieder sahen wir demontiertes Material an den Eisenbahnböschungen liegen. Das wurde sicher nie mehr gebraucht.

Eines Morgens hielt der Zug direkt vor einem Lager. Die Türen gingen auf und wir mussten die Waggons verlassen. Das war gar nicht so einfach. Unsere Glieder waren durch den langen Transport steif geworden. Beim Herausspringen

„Mein Gott, das sind ja Neger!"

knickten die Beine ein und nur mit großen Schwierigkeiten und gegenseitiger Hilfe kamen wir wieder hoch.

Nur wenige Schritte weiter empfingen uns schwarze Menschen vor einem Lagertor. Sie fragten, woher wir denn kämen und ob es wahr wäre, dass der Krieg zu Ende sei.

Wir wunderten uns, dass sie deutsch sprachen. Es waren deutsche Soldaten, die vor über einem Jahr in Gefangenschaft geraten waren. Seitdem mussten sie hier unter Tage im Steinkohlenbergbau arbeiten. Wegen der schlechten Waschmöglichkeiten war ihre Haut so dunkel.

Ehe wir in kleinen Gruppen in die Holzbaracken eingewiesen wurden, nahm man uns die Kochgeschirre mit Bestecken ab. Das versetzte uns in Erstaunen, denn wie sollten wir jetzt noch essen?

In den Unterkünften fanden wir Holzpritschen vor, jeweils zwei übereinander mit Decken. Im ganzen Raum befanden sich 60 Liegeplätze. Russische Soldaten schoren uns alle kahl. Das war sehr deprimierend; denn nun sahen wir alle gleich aus.

Inzwischen war es Mittag geworden. Barackenweise wurden wir in einen Speisesaal geführt, in dem gefangene Ungarn Musik machten. Auf Holzbänken an Holztischen nahmen wir Platz; zum ersten mal seit langer Zeit. Andere Gefangene, die zum Küchendienst eingeteilt waren, servierten uns in unseren Kochgeschirren das Essen. So löste sich das Rätsel. Im unteren Teil gab es eine Suppe und im Deckel einen Brei und das dreimal täglich; dazu erhielt jeder morgens noch 500 Gramm Brot. Meistens bestand die Suppe aus Graupen, hin und wieder verschiedene Gemüse, Reis, Hirse oder Kartoffeln, ab und zu sogar mit Fleischeinlage. Der Brei bestand immer aus den gleichen Grundlagen wie die Suppe, Graupenbrei, Reisbrei, Hirsebrei, Kartoffelbrei. Gab es Krautsuppe, dann erhielten wir dazu statt Brei einen Krautsalat. Sonntags gab es zusätzlich noch einen Apfel. Wasser konnten wir an einem Brunnen pumpen. Dort hingen drei Büchsen, an Ketten, die man zum Trinken benutzen konnte. An der Wand neben der Bühne waren in großen Zahlen Tag und Datum angeschrieben.

Es war Sommer und wir mussten nicht arbeiten. So konnten wir vor uns hin dösen, Karten spielen, oder wir erfanden uns ein Spiel mit Steinen.

Schon vor dem Transport waren uns bei mehrmaligem Filzen die Uhren, Taschenmesser, Brieftaschen und Geldbörsen. etc. abgenommen worden, so dass uns die Russen nun alle Zeiten vorgeben mussten.

Der Lagerkommandant kannte unweit des Lagers eine Stelle am Bahndamm, wo die Kameraden sanitäre Einrichtungsgegenstände einsammeln konnten. Es fanden sich verschiedene Rohre, Wasserhähne, Blechdosen und ein alter Heizkessel. Aus diesem Material bastelte ein Spengler, zusammen mit einigen Mitgefangenen, die alle mit unserem Transport angekommen waren, eine mit warmem Wasser betriebene Dusch- und Waschanlage, an der sich mehrere Personen gleichzeitig mit Kernseife reinigen konnten.

Als wir nach drei erholsamen Wochen ins Bergwerk mussten, wurden wir nicht mehr so schwarz wie unsere Kameraden, die uns am ersten Tag in Erstaunen versetzt hatten. Nach und nach bekamen sie wieder eine helle Haut. Diese Anlage wurde nun auch bei der turnusmäßigen Entlausung benutzt. Bisher war es nur möglich, das Entlausungspulver nach einer halben Stunde mit einem Eimer kaltem Wasser abzuwaschen.

Eine Ärztekommission begutachtete uns auf unseren Gesundheitszustand und die körperliche Verfassung. Danach teilte sie uns in vier Gruppen ein. Die Kräftigsten in Stufe eins, die als Hauer und Kohlenschipper unter Tage arbeiten mussten. Die Gruppe zwei, zu der ich gehörte, kam ebenfalls unter Tage als Waggonschieber. Für Feld- und Küchenarbeiten wurde die Gruppe drei eingesetzt. In Gruppe vier kamen die sogenannten Dystrophiker, sie waren eigentlich arbeitsunfähig, mussten aber das Lager sauber halten.

Entsprechend der Leistungsstufen wurde das Essen zugeteilt. 1000 Gramm Brot täglich für Stufe eins, 800 Gramm für Stufe zwei, 600 Gramm für Stufe drei und mit 400 Gramm mussten sich die Kränkelnden in Stufe vier begnügen. Eine warme Mahlzeit, bei der kein Gruppenunterschied gemacht wurde, bekamen alle nach wie vor im Speisesaal. Die Untertagearbeiter erhielten ein zusätzliches Schachterbrot, das mit Fett, Käse oder sogar mit Fisch belegt war. Manche tauschten es gegen Tabak. Außerdem verdienten sie ein paar Rubel, wenn die Brigade das vorgegebene Soll oder Übersoll erfüllte, dafür konnten sie sich im Lager an einer Verkaufsstelle Tabak, Gemüse oder Obst kaufen. Es gab auch Brot, aber das war mit 10 Rubel so teuer, dass der Tagesverdienst von 5 Rubel dafür kaum reichte.

Die Untertagearbeit erfolgte in drei Schichten. Mein erster Arbeitstag begann mit einer Frühschicht. Unter Bewachung marschierten wir ca. 15 Minuten zum Schacht. Fördertürme gab es nicht, wir mussten in vier Schrägen, ziemlich steil abwärts gehen. Auf der untersten Ebene standen wir knöcheltief im Wasser, Gleise waren nicht zu sehen, wir hörten aber lautes Pumpengeräusch. In etwa einer Stunde war das Wasser abgesaugt. Inzwischen hatten Hauer und Schipper die Kohlewaggons gefüllt, die wir jetzt bewegen konnten. Wir schoben sie zu einer Schräge, wo sie mit Seilwinden von Etage zu Etage nach oben gezogen wurden.

Nach ca. vier Wochen passierte mir ein Unfall: Mein Waggon verklemmte sich in den Gleisen, so dass ich nicht weiter schieben konnte, und der nachfolgende Wagen fuhr mir in die Beine. Später stellte der Lagerarzt einen Muskelriss fest und wies mich ins Krankenrevier ein. Normalerweise gilt bei den Russen nur krank, wer Fieber hat. Bandagiert lag ich drei Wochen in einem herrlich mit Leinen bezogenen Strohbett. Nach der langen Zeit im Lager auf der Holzpritsche fühlte ich mich relativ wohl. Zu Essen gab es wieder dreimal täglich warm und ab und zu eine Kraftbrühe. Ein deutscher Sanitätsoffizier, mit dem ich mich angefreundet hatte, verstand es, mich noch eine vierte Woche in der Krankenstation zu versorgen. Bei der anschließenden Untersuchung kam ich nun in Arbeitsstufe drei.

Normalerweise hätte dies Landarbeit bedeutet; aber ein anderer Brotträger war plötzlich ernsthaft erkrankt, so dass ich für ihn als Schachterbrotverteiler einspringen musste. In einer Holzkiste mit Tragriemen erhielt ich zwanzig Brote für eine Brigade. Dazu eines für mich und erlebte, dass das Verteilen gar nicht so einfach war. In den ersten zwei Tagen fehlte mir je eine Portion, so dass ich meine opfern musste. Um künftig nicht mehr hungern zu müssen, ließ ich mir etwas einfallen. So gab ich bei Schichtbeginn einmal markierte Hölzchen und ein andermal gleich große Steinchen aus, die mir im Austausch gegen Brot zurückgegeben werden mussten.

Eines Tages kamen mehr und mehr junge russische Frauen ins Bergwerk. Sie wurden mit zwei Jahren Bergwerksarbeit für ihre Zwangsverpflichtung in Deutschland bestraft! Ihre Aufgabe war es, die Seile zum Hochziehen der Waggons zu befestigen. Sie sprachen etwas deutsch und wir konnten uns ein wenig unterhalten und manchmal erhielten wir etwas von ihrer Verpflegung.

Vor dem Ende der Schicht war es nicht erlaubt das Bergwerk zu verlassen. Ich hatte viel Zeit, denn außer dem Brotverteilen war für mich nichts zu tun. Oft setzte ich mich auf nasse Steine und lehnte mich mit dem Rücken an nasse Balken. Das blieb nicht ohne Folgen. Eine Darmgrippe, diesmal mit Fieber, brachte mich wieder in die Krankenstation. Zu den Mahlzeiten gab es anstatt Medizin verkohltes Brot, und Kräutertee. Nach 14 Tagen schaffte es mein treuer Sanitätsunteroffizier erneut, mir den Aufenthalt im Krankenrevier um eine Woche zu verlängern Dafür war ich ihm sehr dankbar und wir wurden gute Freunde. Er erzählte mir, dass hinter dem Lager ein Friedhof sei, wo etwa 800 Gefangene beerdigt waren, die die Ruhr dahingerafft hatte. Mein Sanitäterfreund überlebte zusammen mit ca. 500 Gefangenen diese Epidemie. Danach war das Lager bis ins kleinste Detail desinfiziert worden.

Nach der abschließenden Untersuchung kam ich wieder in Leistungsstufe drei. Aber nun musste ich Feldarbeit verrichten. Riesengroße Äcker mit Tomaten und Kraut mussten vereinzelt und von Disteln und Unkraut befreit werden. Die zu bearbeitenden Reihen waren so lang, dass man einen ganzen Tag benötigte, um von einem Ende zum anderen zu gelangen. Entlohnt wurde die Landarbeit nicht, so dass man auch keine zusätzlichen Lebensmittel kaufen konnte. Wenn das Wetter Feldarbeit nicht zuließ, mussten wir aus Steinhalden noch vereinzelte Kohlenstücke auslesen. Das war sehr mühsam.

Inzwischen erfuhren wir, dass unser Musterlager für die heimkehrenden Mädchen geräumt werden sollte. Zunächst wurden alle im Bergwerk Beschäftigten in andere Gefangenenlager überführt. Nach gründlicher Säuberung unseres Lagers bereiteten sich die übrigen der Gruppen drei und vier für den Rücktransport nach Hause vor. Ein Zug stand schon auf den Gleisen, während sich weibliche Kommissare von der Vollständigkeit unserer Kleidung überzeugten. Zum Essen erhielt jeder eine Blechbüchse mit einem Drahthenkel. Wer noch Lederschuhe besaß, musste sie ausziehen und gegen Holzschuhe mit Stoffoberteil austauschen.

Mich durchfuhr ein großer Schreck, da ich seit meiner Darmgrippe keine Unterhosen mehr besaß. Das wäre mir bei der Kleiderkontrolle beinahe zum Verhängnis geworden. Lautes Gezeter begann, eine Kommissarin ließ mich vortreten und gab einer anderen den Befehl, mir das fehlende Kleidungsstück zu besorgen. Ich musste es sofort unter großem Gespött meiner Kameraden anziehen und war wieder komplett eingekleidet. Wäsche zum Wechseln hatten wir schon lange nicht, Wochen, ja monatelang trug man die gleiche Kleidung. Läuse und Flöhe waren keine Seltenheit, obwohl alle vier Wochen eine Entlausung stattfand.

Nun ging die Reise zurück in ähnlicher Weise vonstatten wie wir vor einem halben Jahr hergekommen waren. Diesmal zählte ich aber 15 Waggons, nur an einer Seite befand sich ein Zwischenboden, also 40 Mann pro Waggon. Misstrauisch waren wir schon, denn auf der Herfahrt wurde uns auch versprochen, dass wir nach Hause kämen und dennoch fuhr der Zug nach Osten. Aber diesmal schien die Richtung zu stimmen.

Zweimal am Tag hielt der Zug. Dann wurden Kohlen- und Wasservorräte aufgefüllt. Russen kamen mit großen Kannen und gaben uns einmal eine Kelle Suppe in die Blechbüchse und das andere Mal ein halbes Brot. Gekocht wurde in einer Feldküche während der Fahrt.

Irgendwann wurden drei Lazarettwagen angehängt und die an Durchfall erkrankten Kameraden aufgefordert umzusteigen. Die eingleisige Strecke hatte von Zeit zu Zeit Haltebuchten, um den entgegenkommenden Verkehr vorbeizulassen. Bei dieser Gelegenheit mussten wir die während der Fahrt verstorbenen Kameraden aus den Waggons transportieren und neben den Gleisen beerdigen. Inzwischen war es Winter geworden, so dass diese Arbeit in gefrorenem Boden sehr mühsam war.

Als wir die polnische Grenze erreichten und die russische Breitspur zu Ende war, mussten wir in einen Normalspurzug umsteigen. Seit Tagen verspürte ich Schmerzen im Rücken und hoffte nur, so schnell wie möglich nach Hause zu kommen. An der ersten Haltestelle in Polen war ein Markt, die Waggontüren wurden geöffnet und zum ersten Mal durften wir aussteigen. Wer Geld oder etwas zum Tauschen hatte, konnte unter russischer Bewachung einkaufen. Geld hatte ich nicht, aber meinen Brotbeutel tauschte ich gegen eine aus einer Zeitung gefaltete Tüte mit Pflaumen. Nach der langen Zeit mit Wassersuppe und trockenem Brot habe ich das Obst gierig, mit Heißhunger verschlungen und auch noch Wasser getrunken. Das hatte böse Folgen. Zu meinen Rückenschmerzen wegen einer verschleppten Rückenfellentzündung kamen jetzt heftige Bauchschmerzen. Bald kam ich von dem Türspalt nicht mehr los. Als der Zug das nächste Mal hielt, bedrängten mich meine Kameraden, in den Krankenwagen zu wechseln.

In dem Wagen waren Krankentragen, jeweils drei übereinander, aber alle waren schon belegt. Eine russische Krankenschwester bemühte sich, mich auf dem Fußboden unterzubringen. Da lagen aber auch schon einige andere. Unglaublicher Gestank hatte sich in dem Sanitätswagen ausgebreitet. Unweit meines Platzes waren noch zwei Kameraden gestorben, beerdigt wurden sie aber nicht mehr an den Gleisen. Erst im Lager konnten sie ausgeladen werden.

So vergingen die letzten Tage, bis wir Ende November 1945 im Entlassungslager Frankfurt/Oder ankamen.

Alle Heimkehrer wurden in einzelne Gruppen zusammengestellt. Der Reihe nach erhielten sie ihre Entlassungspapiere und eine Freifahrkarte für die Heimfahrt. Das war das Ende der Gefangenschaft, zu essen gab es nichts mehr und auch kein Geld. Die Kranken, zu denen ich gehörte, bildeten eine eigene Gruppe. Sie bekamen keine Entlassungspapiere. Als ich wieder hinter einer Hecke verschwinden musste, stellte ich mich anschließend zu den gesunden Kameraden, ich wollte nicht noch einmal in eine Krankenstation, sondern so schnell wie möglich nach Hause.

Endlich hielt ich meine Papiere in den Händen und begab mich mit vielen anderen auf den Weg zum Bahnhof. Dort stand ein Zug nach Berlin. Er war zwar schon überfüllt, trotzdem drängte ich mich noch hinein. Zum Glück fand ich einen Stehplatz direkt neben der Toilette. In Berlin kamen wir am späten Abend an. Die nächste Bahnverbindung nach Dresden war erst am nächsten Morgen. Allerdings fuhr noch ein letzter Zug nach Riesa. Kurz entschlossen stieg ich hinein und kam meiner Heimatstadt langsam näher. So stand ich nun Mitternacht am Bahnhof und dachte über Möglichkeiten nach, die letzte Etappe zu überwinden.

Plötzlich sah ich eine einzelne Lok unter Dampf. Sofort rannte ich über die Gleise und rief den Lokführer. „Was willst du?", fragte er mich. „Ich will nach Hause", war meine Antwort. „Wohin?", fragte er wieder. Ich sagte: „Nach Dresden." Da verklärte sich sein Gesicht und er sagte: „Junge da fahren wir hin." Mit meiner letzten Kraft und seiner Hilfe erklomm ich die Lokomotive. Er bemerkte mein Frösteln, gab mir eine Decke und wies mir einen Platz an der Bordwand nahe der Feuerluke zu. Nun fragte er mich, woher ich denn komme. Daraufhin schilderte ich mit wenigen Sätzen meinen Leidensweg. Und er gab mir sein mit Wurst belegtes Brötchen zu essen. Die Freude und der Genuss waren außergewöhnlich groß, denn ich hatte seit sehr langer Zeit Wurst und Brötchen weder gesehen noch gegessen.

Der vermeintliche Lokführer war der Heizer, denn er legte zwischendurch Kohlen nach und jetzt kletterte ein zweiter Mann auf den Führerstand, der sich als der eigentliche Lokführer herausstellte. Etwas erstaunt fragte er, was ich denn hier zu suchen hätte. Sein Kollege erzählte ihm mein Schicksal. Offensichtlich erweckte das bei ihm Mitleid, denn von nun an war er sehr freundlich und öffnete seine Tasche, entnahm ihr eine Thermosflasche mit Kaffee, die er mir reichte. Dann ging er an seine Arbeit. Die Lok setzte sich in Bewegung, ruckte hin und her. In der wohligen Wärme schlief ich bald ein.

In Dresden angekommen, weckte er mich und schenkte mir fünf Reichsmark. Unendlich dankbar war ich diesen beiden Männern für die große Hilfsbereitschaft. Die beiden Eisenbahner halfen mir im Morgengrauen aus der Lok, da die Haltestelle außerhalb eines Bahnsteigs lag. Ich entdeckte, dass einige Waggons inzwischen an die Lok gehängt worden waren. Ich ging über die Gleise und suchte nach dem Weg. Da glaubte ich, mich in einem bösen Traum zu befinden. Ich sah mich

„Komm in meine Arme mein lieber Sohn!"

um und entdeckte einen Bahnhof ohne Dach, umgeben von Häusertrümmern. Über Schutt und Geröll ging ich mit letzter Kraft zur Straßenbahnhaltestelle und fuhr durch völlig zerbombte Stadtteile nach Hause. Von der Zerstörung Dresdens am 13. Februar 1945 wusste ich wohl, doch so schlimm hatte ich mir das nicht vorgestellt.

Mein schlechter Gesundheitszustand muss so deutlich sichtbar gewesen sein, dass die Schaffnerin mir aus Mitleid kein Fahrgeld abnahm. Sicher verriet ihr mein kahl geschorener Kopf, woher ich kam. Von Haltestelle zu Haltestelle stieg die Spannung in mir, denn ich wusste nichts von meinen Eltern und auch nicht, ob das Haus noch steht. Umso mehr war ich überrascht, als ich an der von mir so oft benutzten Haltestelle ankam und wenige Zerstörungen sah. Mein Erstaunen war gross als ich unsere Straße unbeschädigt vorfand. Die mir so vertraute Haustür Nr. 7 kam in mein Blickfeld und siehe da, auch unser Haus war unbeschädigt.

Ich klingelte. Ein Fenster ging auf und meine Mutter erschien. Als sie mich erkannte, stieß sie einen Schrei aus. Im Nu war sie die zwei Etagen von unserer Wohnung heruntergeeilt und schloss mich überglücklich in ihre Arme. Sie hatte nicht gewusst, dass ich noch lebte, denn seit meiner Berliner Zeit galt ich als vermisst. Die Nachricht von der Berliner Frau, der ich mein EK II gegeben hatte, hat meine Mutter nie erhalten.

Oben angekommen, machte Mutter mir als Erstes ein Bad und steckte meine ekelig stinkende Kleidung, einschließlich der inzwischen schon sehr mitgenommenen Holzschuhe, in die Mülltonne. Im warmen Wasser liegend, fühlte ich mich wie im siebenten Himmel.

Ich entstieg der Wanne wie neugeboren und konnte in saubere Wäsche schlüpfen. Mutter hatte inzwischen einige Marmeladenbrote vorbereitet und eine Kanne Tee gekocht. Mit großem Appetit genoss ich die erste Mahlzeit in gemütlicher Atmosphäre. Dann hatte ich nur noch einen Wunsch: das war schlafen, schlafen, schlafen; in einem richtig molligen, sauberen Federbett.

Als mein Vater abends von seiner Arbeit nach Hause kam, sah er schon am Gesicht meiner Mutter, dass es ein besonderer Tag war. Sie hat ihm sofort die Neuigkeit meiner Heimkehr erzählt. Er sah gleich nach mir, verzichtete aber darauf mich zu wecken. Ich schlief den ganzen Tag und die anschließende Nacht durch.

Mein Vater war im Oktober nach Hause gekommen. Aus französischer Gefangenschaft entlassen, verbrachte er den Sommer in der Rhön. Ein weiterer Kriegskamerad arbeitete mit ihm zusammen auf einem Bauernhof. Dort hatten sie ein Bett und satt zu Essen; was in dieser Zeit das Wichtigste war. Nach eingebrachter Ernte, kamen die Gedanken an eine Heimkehr. Das hieß für meinen Vater Dresden. Man versuchte ihn davon abzuhalten, denn seine Heimat lag in der sowjetischen Besatzungszone. Aber für ihn war es sein Zuhause und so machte er sich auf den Weg und stand eines Tages genauso vor der Haustür, wie ich sechs Wochen später.

Zu Hause angekommen, bemühte sich mein Vater um Arbeit. Doch als ehemaliger Parteigenosse durfte er nur als ganz normaler Arbeiter beschäftigt werden. So fand er eines Tages Arbeit bei einer Dachdeckerfirma als Hilfsarbeiter. Das ging eine Weile gut, bis er auf einem nassen Dach ausrutschte und abstürzte. Dabei brach er sich zwei Lendenwirbel und kam in ein Behelfskrankenhaus. Acht Wochen lang war er in einem 20-Betten-Saal unbeweglich in ein Gipsbett verbannt. Mit der Dachdeckerei war es nun vorbei. Mutter versuchte, mich mit den Möglichkeiten, die ihr zur Verfügung standen aufzupäppeln. Das waren Nudelsuppe, Kartoffelbrei mit Ei, Grießbrei mit Himbeersaft, Nudeln mit Tomatensoße. Einmal hatte sie sogar ein Stückchen Fleisch aufgetrieben, damit machte sie mir eine Fleischbrühe und das gekochte Fleisch kam unter ein Reisgericht. Sie hatte noch etwas Geld und konnte im Schwarzhandel für 900 Reichsmark einen Sack Mehl besorgen. Davon machte sie Klöße und Mehlspeisen. Beim Bäcker konnten wir ein Pfund Mehl gegen 10 Brötchen tauschen. Dank der mütterlichen Fürsorge nahm ich allmählich zu, schließlich war mein Entlassungsgewicht nur 50 kg gewesen.

Eigentlich war ich sehr froh, das erste Weihnachtsfest in der Heimat verbringen zu können. Doch meine Schmerzen im Rücken wurden stärker und dazu kam noch Atemnot. Ein hinzugezogener Arzt stellte eine verschleppte Rippenfellentzündung fest und wies mich in das Friedrichstädter Krankenhaus ein. Die Röntgenergebnisse bestätigten seine Vermutung. Durch strenge Liegekuren und Wärme sollte sich das Wasser verschwarten, womit die Ärzte „austrocknen" meinten. Mit diesem Verfahren konnte eine Punktion umgangen werden. Mein Bettnachbar hatte schon einige Wochen vorher ähnliche Symptome wie ich. Bei ihm war eine Vereiterung eingetreten, somit musste er punktiert werden. Aber sein Zustand verschlechterte sich, weil der Eiter den Körper vergiftet hatte. Eines Morgens lag er tot neben mir!

Nach zwölfwöchigem Krankenhausaufenthalt wurde ich zur Erholung in eine Heilstätte mit dem Namen Heideberg überwiesen, die dem Krankenhaus angehörte. Nach einigen Tagen erfuhr ich, dass hier die Endstation für TBC-Kranke sei. Trotzdem hatte man mich, den jüngsten und am wenigsten kranken Patienten, zu weiteren Liegekuren hierher gebracht. Liebe nette Menschen, mit denen ich mich gerade erst angefreundet hatte, waren plötzlich am nächsten Tag tot. Von den 30 Patienten im Haus, starben 18 während meines dreimonatigen Aufenthaltes. Wieder war ich in einer ähnlichen Situation wie auf dem Rücktransport aus russischer Gefangenenschaft. Mich überfiel eine große Angst, dass ich auch bald an der Reihe sein könnte, obwohl sich mein Zustand von Woche zu Woche besserte. Meine Mutter besuchte mich jede Woche und brachte mir zusätzliches Essen mit. Darüber freute ich mich sehr und ging ihr immer ein Stückchen weiter entgegen.

Ich gefiel mir wieder besser, denn meine Haare waren inzwischen gewachsen. Vorher traute ich mich nicht, Hut oder Mütze abzusetzen. Eines Abends traf ich mich heimlich mit einem hübschen Mädchen, das im Haus angestellt war. Sie brachte das Essen und betreute die Patienten. Wenige Tage vorher, war ein Heimbewohner, mit dem sie befreundet war, gestorben. Das machte sie sehr traurig und ich versuchte sie zu trösten. Nach einem Gaststättenbesuch kehrten wir erst nach 21 Uhr zurück, deshalb mussten wir uns heimlich ins Haus schleichen. Um 20 Uhr wurde abgeschlossen, längerer Ausgang war uns nicht erlaubt. Beim Einstieg in ein niedriges Flurfenster erwischte uns die Oberin. Das war unser Verhängnis. Mit Ende des Monats musste sie das Haus verlassen. Ich wurde zum Arzt zitiert, der mir trotz großem Verständnis nahelegen musste, dass ich auf eigenen Wunsch und Verantwortung zum 01.05.1946 zu gehen hatte. Das habe ich meinen Eltern nie erzählt.

Nach der Genesung schrieb ich Heinz einen Brief, Telefon hatte man damals ja nicht. Er war schon verheiratet und besuchte mich mit seiner jungen Frau Barbara bei meinen Eltern in Dresden. Wir hatten uns viel zu erzählen, ich von meiner Gefangenschaft und Heinz von seiner abenteuerlichen Flucht. Nach dem glücklichen Wiedersehen, schließlich hatten wir beide überlebt, haben wir uns gegenseitig in unregelmäßigen Abständen besucht.

5. Kapitel

Karl-Heinz erzählt über seine berufliche Entwicklung

Für mein Leben gern ging ich ins Kino und so war es naheliegend, dass mein Berufsziel in diese Richtung ging. Ich wandte mich an eine Filmagentur, um mich als Filmvorführer zu bewerben. Dort erfuhr ich zufällig, dass mein letzter Chef, Erwin Anders, jetzt bei Zeiss Ikon in der Trickfilmabteilung als Kameramann bei der DEFA-Film, Außenstelle Sachsen in Dresden-Gorbitz war.

Vor dem Krieg war das die private Filmgesellschaft Böhnerfilm. Von den drei Böhnerbrüdern war einer bei dem Bombenangriff auf Dresden umgekommen, der zweite setzte sich beizeiten nach Erlangen ab, der dritte durfte jetzt in seinem ehemals eigenen Betrieb als Hilfsbuchhalter arbeiten. Später zog er dann die Flucht nach Hamburg vor.

Ich beschloss meinen Exchef Erwin Anders aufzusuchen. Die Wiedersehensfreude war groß. Weil er in einem kriegswichtigen Betrieb unabkömmlich war, war er nicht eingezogen worden. Ich wurde sofort als Tonassistent eingestellt. Meine

Tätigkeit als Tonassistent endete jedoch sehr schnell. Weil wir an einem Abend lange gearbeitet hatten, nahm mein Tonmeister mich ein Stück mit. Er setzte mich in der Nähe meiner Wohnung ab und fuhr weiter. Noch am selben Abend verunglückte er tödlich mit seinem Motorrad.

Ich wurde Kameraassistent bei Erwin Anders. Meine ersten Aufgaben waren Beiträge für die Wochenschau „Der Augenzeuge". Es waren Berichterstattungen über Ereignisse in Sachsen. Weiterhin produzierten wir Aufklärungsfilme über spezielle Berufe, Werbefilme und kulturpolitische Filme.

Während der Dreharbeiten zu einem Bergwerksfilm mit dem Titel „Kumpel aufgepaßt" liefen gleichzeitig die Vorbereitungen zu den Weltjugendfestspielen in Berlin. Wir hatten noch eine Woche zu drehen, als Erwin Anders nach Berlin abberufen wurde. Unser Regisseur, Alfred Siegert, beförderte mich zum Kameramann. Er war nicht bereit die Dreharbeiten zu unterbrechen. Mit 23 Jahren wurde ich somit jüngster DEFA-Kameramann.

Karl-Heinz im Filmstudio in Dresden an der Kamera

Es folgten die Filme „Volkskunst im Erzgebirge", „Spiel-
zeug ernst genommen", „Kohle ruft", „Schutz dem Wasser",
„Brandschutz" und „Talsperre Sosa". Alle Filme drehte ich
nun unter der Regie von Alfred Siegert, sie dauerten 45 Minuten und wurden im Beiprogramm gezeigt. Der letzte Film
dieser Art in Dresden war „Schönere Schuhe".

Ein Filmaufnahmewagen der Defa in Dresden

Bei den Betriebsratswahlen nominierte man mich zum Be-
triebsratsvorsitzenden und ich wurde gewählt. Unmittelbar
danach erfolgte die Umwandlung des Betriebsrates in die
Betriebsgewerkschaftsleitung. Ungefragt wurde ich so BGL-
Vorsitzender. Eigentlich wollte ich das gar nicht. Denn nun
war ich gezwungen, bei Entscheidungen mitzuwirken, die mir
sehr unangenehm waren. So zum Beispiel sollten Mitarbeiter,
die der Partei kritisch gegenüberstanden, entlassen werden.

Jeder Betrieb musste für den Uranbergbau eine bestimmte
Anzahl Mitarbeiter nach dem gefürchteten Ort Aue abstellen.

Ragnar Taubert, einer meiner Freunde, gehörte dazu. Durch mein Insiderwissen konnte ich ihn rechtzeitig warnen und er flüchtete sofort nach Hannover.

Das Schicksal des Tonassistenten Uli Filzinger war ein weiteres tragisches Kapitel. Sein Vater, ein sehr bekannter Industriefilmemacher vor und während des Krieges, konnte mit seinem Einfluss den Sohn in der DEFA unterbringen. Aber bereits nach der Probezeit musste ich seine Entlassung in meiner Funktion als BGL-Vorsitzender mitunterschreiben. Als Grund wurden parteifeindliche Äußerungen angegeben. Auch er tat mir damals sehr leid. Trotzdem hatte die Entlassung auch etwas Gutes, denn er war schon für Aue vorgesehen gewesen. Dorthin musste er nun nicht mehr.

Ein weiterer Anlass unangenehm aufzufallen, war für mich die Gründungsveranstaltung, mit der die deutsch-sowjetische Freundschaft in Gang gesetzt werden sollte. Nach dem Referat eines Parteigenossen über die Befreiung von der Naziherrschaft kam es zur Abstimmung über die Gründung der Deutsch-Sowjetischen Freundschaft und ich enthielt mich als einziger der Stimme. Nach mehrfacher Aufforderung mein Verhalten zu begründen, sagte ich: „Meine Zeit in russischer

Gefangenschaft macht es mir unmöglich, diesem Verein bei-
zutreten." Mit dieser Aussage war meine Tätigkeit als BGL-
Vorsitzender beendet. Heinz Reichelt, ein Freund von mir,
wurde mein Nachfolger.

Ein Busfahrer, Genosse der DEFA, hatte eine Fahrt nach
Berlin. Er fragte mich nach einigen leeren Filmbüchsen, um
darin Nägel und Schrauben zu sortieren. Davon hatten wir
ja genügend und ich gab ihm einige, die er prompt zweck-
entfremdete. Ohne Kontrolle schmuggelte er damit Fett und
Heringe über die Grenze. Diese Artikel waren ja in der Ostzo-
ne Mangelware. Tage später gab er die Filmbüchsen, fettver-
schmiert, einem Kollegen zurück. Den wahren Grund wofür
die Filmbüchsen gebraucht wurden, erfuhr ich von ihm.

Später drehten wir einen Bericht über die deutsch-sowjetische
Freundschaft. An diesem heißen Abend gab es viel Pfirsich-
bowle zu trinken. Das blieb bei mir nicht ohne Folgen. Ich
ging nach Drehschluss schnell in unseren Aufnahmewagen
und schlief sofort ein. Als ich erwachte, sah ich zwei russische Soldaten unseren Wagen durchwühlen. Sie fanden zwei
Bücher, die sich ein Beleuchter unseres Teams angeeignet
hatte. Die Bücher gehörten in die Bibliothek des Hauses der

Deutsch-Sowjetischen-Freundschaft. Ein Parteigenosse trat an den Wagen und fragte mich, ob ich von dem Bücherdiebstahl etwas bemerkt hätte. Meine Antwort war: „Nein, wegen dem russischen Mist habt ihr mich geweckt." Als der Schuldige sich erneut an weiteren Büchern vergreifen wollte, wurde er erwischt.

Auf der späten Heimfahrt von der Veranstaltung fuhren noch ein Schauspieler und ein Parteisekretär mit uns und ich schlief wieder ein. Nach Mitternacht weckten mich die Kollegen und ließen mich unweit meiner Wohnung aussteigen.

Karl-Heinz an der 35-mm-Kamera bei Außenaufnahmen

Am nächsten Morgen kam ich ins Studio und musste sofort beim Direktor vorsprechen. Der suspendierte mich bis auf Weiteres vom Dienst. Ich sollte mich zu Hause zur Verfügung halten und weitere Anweisungen abwarten.

Schon am Nachmittag sandte der Studioleiter seinen Fahrer, um mich und noch zwei andere Kollegen, die ebenfalls am Abend vorher dabei waren, zu holen. Der Weg führte nun zur berüchtigten Bautzener Landstraße Nr. 110, wo bekanntlich die Stasi ihren Sitz hatte. Diese Adresse war sehr gefürchtet und jedem ein Begriff. Wir wurden von einem der Stasileute einzeln verhört. Immer wieder fragte er mich, ob ich von den nächtlichen Gesprächen, den Beschimpfungen der Sowjets, etwas gehört hätte. Ich musste dies verneinen, da ich ja wirklich geschlafen hatte. Es verging einige Zeit und man befragte mich immer wieder zur gleichen Sache. Ich konnte immer nur wahrheitsgemäß verneinen. In barschem Ton wurde ich aufgefordert, den Raum zu verlassen und noch gewarnt, wenn einer der anderen etwas anderes sagen würde, hätte das schlimme Folgen.

Nun wurden die anderen verhört, während ich auf einem Gang draußen warten musste. Die Zeit zog sich unerträglich in die Länge. Inzwischen war es Abend geworden, als meine Kollegen den Gang betraten. Der Stasimann rief mir noch zu, dass ich Glück gehabt hätte, weil die anderen auch dasselbe gesagt hätten, er gab mir zu verstehen, dass meine Kollegen mein Schlafen bestätigt hätten. Wir durften das Haus nun zusammen verlassen und am nächsten Morgen nahmen wir wieder unsere Arbeit im Studio auf. Später erfuhren wir, dass dem Schauspieler weiteres Auftreten verboten wurde, worauf er sich in den Westen absetzte. Der Beleuchter, der die Bücher geklaut hatte, wurde sofort entlassen.

Als junger Kameramann drehte ich weitere Filme, bis 1955 ein Beschluss von der Filmkammer Berlin kam. Demnach sollte die Außenstelle Dresden verändert werden. Dort siedelte man nun den Puppen- und Trickfilm an, während alle anderen Filmbeiträge ausschließlich von Berlin aus gesteuert wurden. Alle Kollegen forderte man zum Umzug nach Berlin auf. Wer das nicht wollte, konnte bleiben, musste aber künftig andere Aufgaben übernehmen. In vielen Fällen tauschten die Kollegen ihre Wohnungen mit Berliner Familien, die nach Dresden umziehen mussten. Ich tauschte mit einem hohen Stasioffizier. Die Erdgeschosswohnung war in einem Zweifamilienhaus mit Garten. Sie lag in Babelsberg an einem Park unweit der Studios.

Studio für populärwissenschaftliche- und Lehrfilme nannte sich mein neuer Arbeitsplatz. Die ansässigen Teams wurden durch uns erweitert, so dass wir mehr Zeit und viel mehr Pausen zwischen den einzelnen Filmen hatten.

Mit den Regisseuren Alfred Siegert, durch den ich bei dem Kohlefilm Kameramann wurde, und Erich Barthel (beide waren früher auch Kameramänner) drehte ich in den nächsten Jahren mehrere Filme. Nach Fertigstellung wurden die Filme immer von dem künstlerischen Rat abgenommen, der setzte sich selbstverständlich nur aus Genossen zusammen. Die Begutachtung der Filme erfolgte nun politisch und nicht künstlerisch. Mir wurde einmal der Vorwurf gemacht, dass ich zu schnell über eine Stalinbüste geschwenkt hätte, die in einer Halle stand. Eine Gruppe junger Bergleute ging vor der Büste her und mit der Kamera musste ich mitschwenken. Die jungen Leute bestimmten also das Tempo des Schwenks, die Stalinbüste war lediglich Hintergrund.

Ein anderes Mal war an einer Drehbank ein Schild aufgestellt: „Ich pflege meine Maschine selbst." Damit das Schild mehr Aufmerksamkeit erregen sollte, hätte dort noch ein zusätzliches Fähnchen aufgestellt werden sollen.

Mein größtes Berliner Werk gestaltete ich mit dem Regisseur Erich Barthel in Sofia. Wir nahmen gleich nach der Landung mit dem Leiter des Filmstudios Kontakt auf, weil wir Unterstützung für Beleuchtung und Fuhrpark erbaten und bekamen. In acht Wochen drehten wir drei Filme. Einmal die „Messe in Plofdiv", „Weinlese in Bulgarien" und ein 1-1/2-Stunden-Matinee Film „Wir landen in Sofia". Der dortige Studioleiter glaubte kaum, dass wir alle unsere Vorhaben in der vorgegebenen Zeit schaffen könnten. Aber wir schafften es. Wenn die Beleuchter zu ihren Kollegen zurückkehrten, sagten sie: „Heute haben wir gearbeitet wie die Nemskis." – was Deutsche bedeutet. Überall trafen wir auf wohlgesonnene Menschen. Viele von ihnen hatten in Deutschland studiert.

Als wir bei unseren Filmarbeiten in einem bulgarischen Großkühlhaus waren, fielen die aus der DDR gelieferten Aggregate aus. Verzweifelte Anrufe der Genossen nach Berlin blieben erfolglos. Man versprach ihnen eine Delegation in den nächsten Tagen zu senden, die den Schaden aufnehmen sollten. Das war den Bulgaren aber nicht genug, denn der Schaden in dem riesigen Kühlhaus wäre immens groß gewesen.

Ein weiterer Hilferuf in die Schweiz ermöglichte es am nächsten Tag, mit einem Flugzeug Ersatzaggregate zu bringen, somit konnte das Kühlgut gerettet werden.

In den letzten Tagen, als wir den Bau einer Talsperre filmten, rutschte ich durch das Ausbrechen eines überwucherten Steines eine acht Meter hohe Böschung hinunter. Mein Assistent konnte die Kamera gerade noch im letzten Moment retten. Ich verstauchte mir den Fuß und wurde wegen dem arg geschwollenen Bein ins Krankenhaus gefahren. Es war sehr schmerzhaft. Um möglichst bald wieder einsatzfähig zu sein, bekam ich einige Blockadespritzen direkt ins Gelenk. Die Schwellung sollte schnell zurückgehen, das war aber nicht der Fall.

Zwei Tage später gab es zum Nationalfeiertag der Befreiung eine Parade. Davon sollten noch einige Bilder aufgenommen werden. Zwar konnte ich wieder auftreten, aber richtig laufen, war wegen der Schwellung auch mit Sandalen nicht möglich. Deshalb drehte mein Regisseur die letzten Aufnahmen selbst. Nach zwei weiteren Tagen traten wir die Heimreise an und ich landete humpelnd in Berlin-Schönefeld. Während der Dreharbeiten machte mein Assistent viele Dias und verdiente sich damit schönes Geld nebenbei.

Der nächste Film mit Erich Barthel nannte sich „Erdöl-Chemie." Dazu waren Aufnahmen in den Raffinerien Buna und Leuna erforderlich. In einem HO-Warenhaus in Leipzig wurden sechs Kühlschränke als Ausstellungsstücke herangeschafft. Viele Passanten hofften, nach den Dreharbeiten einen davon erwerben zu können. Die Enttäuschung war groß, denn die Absorberkühlschränke für 600,-- Mark das Stück waren dem Team schon vorher von der Geschäftsleitung versprochen worden.

Der nächste Ärger begann für mich in Berlin, bei Dreharbeiten „Unter den Linden", an einer Straßenampel die, von rot auf grün wechselte. Zu dieser Zeit war es den Westfahrzeugen noch erlaubt, unkontrolliert durch den Osten zu fahren. So kam es, dass man in meinen Filmaufnahmen sah, wie sowohl DDR- als auch Westfahrzeuge über die Kreuzung fuhren. Schließlich hatte ich ja nur die Realität gefilmt. Der künstlerische Rat jedoch sah das als Provokation an und bezeichnete die Bilder als opportunistische Kameraarbeit. Diese Aufnahmen mussten später, nachdem der Alexanderplatz abgesperrt war, wiederholt werden, ohne dass westliche Fahrzeuge zu sehen waren.

Fast schicksalhaft, sprach mich ein ehemaliger Produktionsleiter der Devag Werbefilm GmbH an und fragte, ob ich nicht Lust hätte, im Westen Filme für die Werbung zu drehen. Er hatte inzwischen in Frankfurt am Main eine Firma gegründet, deren Geldgeber in München saßen. Ich traf mich noch am gleichen Abend zu Vorgesprächen mit ihm am Bahnhof Zoo. Hannes Quauke, ein Trickfilmkameramann, war ebenfalls dort. Später, nach meiner Flucht, erwies sich dieses Treffen als sehr hilfreich.

Mein Freund Heinz Reichelt, der im Studio Produktionsleiter war, verriet mir, dass ich mich in wenigen Tagen für Fotos aus den Volkseigenen Betrieben Buna und Leuna verantworten müsse. Ich sagte ihm, dass ich gar keine Zeit hätte, während Dreharbeiten Fotos zu machen. Das sei immer Aufgabe des Assistenten. Filmteams waren so zusammengestellt, dass ein Aufpasser anwesend war, der alle Gespräche und Vorkommnisse der Parteileitung weitergab. Ich hatte es immer abgelehnt, in die Partei oder Kampfgruppe einzutreten. Deshalb suchte man ständig nach Gründen, mich durch immer neue Anschuldigen zum Beitritt zu zwingen. Der letzte Fall war so beängstigend, dass ich mich Hals über Kopf zur Flucht mit der S-Bahn entschloss. Was kurze Zeit später durch den Bau der Mauer nicht mehr möglich gewesen wäre. Ich stieg in Babelsberg ein und zwei Stationen weiter in Wannsee wieder aus. Schon in der letzten Zeit war bekannt geworden, dass ein Außenring gebaut wurde und so war es nur eine Frage der Zeit.

Mit einer letzten Fahrt nach Dresden verabschiedete ich mich von meiner Heimatstadt, ohne Eltern, Freunden und Bekannten von meinen Fluchtplänen zu berichten. Danach folgte ein regelmäßiger Briefwechsel, Päckchensendungen mit den drüben so begehrten Zigaretten, Süßigkeiten, Schokolade und Kaffee zu Geburtstagen und Weihnachten. Für Heinz Drigalla auch Naturschwämme, die er zum Malen brauchte.

Nach meiner Flucht in den Westen, die im Jahre 1960 erfolgte, wurden alle meine Filme sofort abgesetzt.

Das Angebot einer bestimmten Werbefirma setzte voraus, dass ich eine Kamera mitbringen musste. Ich besaß aber ursprünglich keine, da ich immer mit studioeigenen Filmkameras gearbeitet hatte. So war es mein Glück, dass mir mein Chef bei Zeiss Ikon in Dresden, Erwin Anders, seine Kamera mit den Worten gegeben hatte: „Jetzt komme ich mir vor wie ein Musikant, der sein Instrument weggibt." Das habe ich ihm nie vergessen. Mit dieser Kamera konnte ich meine Arbeit im Westen sofort beginnen. Zu meinem monatlichen Gehalt bekam ich deshalb noch 150,-- DM als Kameramiete für den Einsatz meiner eigenen Kamera. Diese überwies ich auf das Konto seiner bereits im Westen lebenden Schwägerin. Nach zwei Jahren kaufte die Firma eine eigene Kamera und stellte diese Zahlung ein.

Nach dem Tod von Erwin Anders nutzte seine Frau die Erlaubnis, der Beerdigung ihres Schwagers beizuwohnen, um im Westen zu bleiben. Mit ihrem Einverständnis verkauften wir die Kamera an ein Münchner Trickfilmstudio. Diese war wegen ihrer Größe und ihrem Gewicht besser geeignet, an einem Tricktisch eingesetzt zu werden.

Eine riesengroße Innenstadtwohnung in Frankfurt am Main, nahe der Hauptwache, bauten wir selbst zu einem Filmatelier um. Decken, Wände und Fenster verkleideten wir mit Glaswolle, um so Tonstörungen zu vermeiden. Werbeagenturen vermittelten uns die Kundschaft, die es kaum erwarten konnte, in Frankfurt zu produzieren. Die Ansprüche waren damals hoch: es musste Frankfurt sein, es sollte ein namhafter Kameramann sein und die Produktion außerordentlich schnell

abgewickelt werden. Bekannte Markennamen zählten zu unseren Auftraggebern, zum Beispiel Rama, Wick VapoRub,
Söhnleinsekt, Erdal, Maggi, Signal-Zahnpasta, In der Branche
wurden wir schnell bekannt. Meine Arbeit als Hauskamera-
mann stellte die Kunden zufrieden.

In dem Metier war es ganz wichtig, auf sich aufmerksam zu
machen und sich sehen zu lassen. Dazu waren die Filmfest-
spiele in Cannes ein guter Anlass. Selbstverständlich musste
man in entsprechender Garderobe erscheinen. Nach meiner
DDR-Flucht hatte ich mein Geld für andere Dinge viel nöti-
ger. Für Cannes war es unerlässlich und ich kaufte nun einen
Smoking. Mein Chef besaß schon einen, aber das dazugehöri-
ge Hemd war zu eng geworden. Kurzerhand nahm seine Frau
eine Schere und schnitt es auf dem Rücken von unten bis zum
Kragen auf. Nun konnte er das Jackett auf keinen Fall mehr
ausziehen. Diese Episode wird mir unvergesslich bleiben.

Als wir von der Firma Vorwerk einen Auftrag bekamen, ver-
langte man einen bekannten Kameramann, die Wahl fiel auf
Karl Linke, der die Karl-May-Filme produziert hatte. Regie
führte immer der mir aus DEFA-Zeiten bekannte Lothar De-
val. Er wohnte früher in Westberlin und konnte nach dem

Mauerbau, wie alle anderen in westlichen Stadtteilen wohnenden Kollegen, nicht mehr bei der DEFA arbeiten.

Nach Beendigung der Vorwerk-Spots war ein großer Auftrag für den Kaufhof in Vorbereitung. Hierfür wurde ebenfalls ein erfahrener Spielfilmkameramann gewünscht. Zufällig stand plötzlich Götz Neumann vor der Tür. Er hatte den Heinrich-Greif-Preis bei der DEFA erhalten. Ausnahmsweise gestattete man ihm mit seiner Frau einen Besuch in Westdeutschland. Er nutzte die Gelegenheit und kehrte nicht zurück. Seine letzte große DDR-Arbeit war ein Film über den 5-Jahresplan der Sowjetunion. Der Film war schon soweit fertig, dass sein Name bereits im Titel stand, als die DEFA von seiner Flucht erfuhr. Man beauftragte den Regisseur, einen 200%igen Genossen, ihn zur Rückkehr zu bewegen. Unverrichteter Dinge musste er in die DDR zurückkehren, denn Götz Neumann blieb in Wiesbaden und fand bald eine Anstellung bei der bekannten Werbefirma Thies.

Allmählich merkte ich, dass die Aufträge weniger wurden. Nach drei Jahren Werbefilm erkannte ich, dass das keine Lebensaufgabe sein kann. Jede Einstellung der Szene wurde bis ins kleinste Detail festgelegt und dem Kameramann jede

Möglichkeit genommen, seine Arbeit künstlerisch zu gestalten. Ich war es gewöhnt, dass in einem Drehbuch links die Bild- und rechts die Ton- bzw. Textbeschreibung war. Nach der Bildbeschreibung gestaltete der Kameramann Einstellung und Szene. Die von den Werbeagenturen vorgelegten Drehbücher, Storyreport genannt, beschrieben nicht nur den Inhalt, sondern legten bereits den Bildausschnitt fest.

Schon damals sollte das Freie Deutsche Fernsehen gegründet werden und ich hatte mich beworben. Es kam leider nicht zustande, wurde aber später das ZDF. In der Zwischenzeit hatte ich mich beim Hessischen Rundfunk beworben und eine Zusage zum 01.01.1963 bekommen.

Inzwischen waren die Münchner Gesellschafter der Ceres-Film nicht mehr mit den Umsätzen zufrieden und drängten darauf, die Firma zu verkaufen. Zum Abschluss wurde das Studio in einen Festsaal mit burgartigem Charakter verwandelt. Livrierte Diener, Komparsen vom Theater, servierten Speisen und Getränke. Während des Festes wurde eine Leinwand in dem „Burgsaal" herabgelassen, um noch einmal besonders gut gelungene Werbespots zu zeigen. Wir feierten sowohl Abschied von „Ceres-Film" als auch den Neubeginn, unter dem Namen „Ceres Werbung." Der neue Besitzer war ein Bühnenbildner aus Leipzig. Da er dort einige Häuser besessen hatte, konnte er mit 200.000,-- DM Flüchtlingsentschädigung hier eine neue Firma gründen. Aber nach drei Jahren ging es zu Ende und das Geld war weg. Während dieser Zeit, ich war schon hauptberuflich beim HR beschäftigt, engagierte er mich. An meinen freien Tagen drehte ich hin und wieder für eine Tagesgage von 500,-- DM. Zu meinen regelmäßigen Aufgaben zählten Dreharbeiten über die Erweiterung des Frankfurter Flughafens.

Zurück zur Anfangszeit beim Hessischen Rundfunk. Die große Überraschung kam an meinem ersten Arbeitstag: Mein Assistent aus DEFA-Zeiten, Helmut Kühn, stand mir bei meinem Bewerbungsgespräch mit dem Chefkameramann plötzlich gegenüber. Unabhängig voneinander hatten wir uns beide beworben, aber keiner hatte mit dem anderen darüber gesprochen. So kam es, dass mein alter Assistent auch mein neuer war. Unser erster Auftrag waren Dreharbeiten für eine Hessenschau. Über die Johannespassion in der Kiedricher Kirche im Rheingau drehte unser Chefkameramann Willy Sedler, dessen Vertreter ich später wurde, einen Film.

Während seine Kamera angewärmt war, holten wir unsere aus dem kalten Auto. Schon beim Einschalten zur ersten Szene riss der steif gewordene Film ab. Die Kamera und der Meterzähler liefen weiter, so dass wir diese Panne nicht bemerkten. Erst als wir abends unser Material in der Dunkelkammer des HR auslegen wollten, bemerkten wir, dass gar kein Film in der belichteten Kassette war. Ein großer Schreck durchfuhr uns. Meine erste Bekanntschaft mit 16-mm-Filmmaterial blieb mir in schlechter Erinnerung. Bisher hatte ich nur mit 35 mm gedreht. Obwohl wir gemäß Dienstplan am nächsten Tag frei hatten, trafen wir uns im Hessischen Rundfunk. In der Dispo meldeten wir uns und erzählten von unserem Missgeschick. Die Disponentin, eine sehr nette Frau, tröstete uns wider Erwarten und sagte: „Dann wiederholen wir die Story morgen noch einmal." Wir hatten viel Schlimmeres erwartet und waren überrascht. Nun arbeiteten wir mit angewärmter Kamera und lieferten eine gute Arbeit ab.

Bald darauf drehte ich dreizehn Theaterfolgen in Wiesbaden über Dichtung und Wahrheit. In dieser Zeit hatte ich Schauspieler wie Hans Caninenberg, Charlotte Mythel, Marianne Hoppe, Michael Degen, Hans Clarin, Karl Liefen, Karl Schönböck und weitere vor der Kamera.

Karl-Heinz bei Aufnahmen im HR-Studio mit bekannten Stars

Interessante Aufgaben waren Studioaufnahmen mit Heinrich Harrer, der seine naturkundlichen Reisen moderierte. Dabei wurde erstmals die neue Aufprotechnik angewandt. Durch einen halb durchlässigen Spiegel, der sich schräg vor der Kamera befand, wurde gleichzeitig ein Foto von einem Diaprojektor an eine sich hinter dem Moderator befindliche Leinwand geworfen. Mit dieser Technik war es möglich, den Moderator im Vordergrund mit bewegter Kamera aufzunehmen.

Mein Aufgabengebiet umfasste sowohl Studio- als auch Außenaufnahmen für die Redaktionen „Spiel und Aktuell". Zu der Zeit drehte man Fernsehfilme noch in schwarzweiß. Schon ein Jahr später wurde auf Farbfilm umgestellt, da der Einzug des Farbfernsehers in Privathaushalten absehbar geworden war. Bereits im folgenden Jahr sollten die meisten Sendungen in Farbe ausgestrahlt werden. Der Hessische Rundfunk hatte einen Exclusiv-Vertrag mit der Augsburger Puppenkiste. Deshalb mussten die neu zu planenden Marionettenfilme in Farbe gedreht werden. Ich galt als erfahrener Farbfilmkameramann und wurde deshalb mit den nächsten Produktionen betraut. Auf den Drehplan kamen, wie sich herausstellte, sehr erfolgreiche Sendungen: „Der Löwe ist los", „Gut gebrüllt Löwe", „Kommt ein Löwe geflogen", „Bill Bo und seine Kumpane", „Urmel aus dem Eis", „Kleiner König Kalle Wirsch", „Don Blech und der Goldene Junker" und „Die Museumsratten". Die Regie führte Dr. Harald Schäfer.

Museumsratten fliegen auf der Kanonenkugel zum nächsten Museum

Als wir den Film „Don Blech und der Goldene Junker" in Augsburg drehten, haben wir unglaublich viel 35-mm-Material vergeudet. Es gab Probleme mit der Blechbüchsenarmee. Die Szene mussten wir x-Mal wiederholen, weil es einfach nicht gelang, dass alle Puppen gleichzeitig in die Blechbüchsen hüpften. Mal blieb die eine und ein anderes Mal die andere Figur am Büchsenrand hängen. Schließlich sagte Harald entnervt: „Jetzt reicht es. Wir fahren über das Wochenende in die Berge und Ihr übt". Als wir am Montag unsere Arbeit aufnahmen, klappte es auf Anhieb. Großvater Walther Oehmichen hatte die Dosen aufgeschnitten und erweitert.

Karl-Heinz und Harald in Augsburg

Mit der Augsburger Puppenkiste wurden auch verschiedene deutsche Museen vorgestellt. In den Geschichten der

Museumsratten spielte ein kluger Rattenvater, der seine beiden Söhne belehrend durch die Museen führte. Mit diesen Filmen sollten die Kinder zum Museumsbesuch angeregt werden.

In einem Kinderfilm „Ach du dickes Ei" mit Helga Feddersen spielte ich einen Kameramann. Auf einem Kamerakran (genannt Dolly) sitzend, bat mich Helga, den Kindern diesen Begriff zu erklären. Die meisten HR-Filme drehte ich mit meinem Freund Harald, der für Regie und Drehbuch verantwortlich zeichnete.

Während der folgenden zwei Jahre filmten wir dreizehn Folgen zu dem historisch interessanten Thema „Volkskunde in Hessen." „Märkte und Feste", „Weihnachts- und Osterbräuche", „Trachten" und andere Themen. Dazu gehörten Filme über aussterbende Handwerksberufe, wie zum Beispiel: „Nagelschmied", „Radmacher", „Rechenmacher", „Schindelmacher", „Intarsienschreiner" und „Kratzputz".

Das größte filmische Werk für den Hessischen Rundfunk entstand im Auftrag des hessischen Wirtschaftsministers Heinz Herbert Karry. Titel dieses Films war „Mit dem Jet zum Dornröschen". Eine junge amerikanische Journalistin, gespielt von der später sehr bekannten ZDF-Ansagerin Sybille Nicolai, besucht das Hessenland. Sie zeichnet verschiedene Eindrücke von Landschaften und Schlössern. In Wirklichkeit war der Zeichner der bekannte Frankfurter Maler Ferry Ahrlé. Sybille ergänzte die fertige Zeichnung nur noch durch ein paar Striche. Sie war die zweite Besetzung, denn die Redaktion hatte den Auftrag zunächst an eine andere Schauspielerin vergeben. Nach ein paar Drehtagen erfolgte eine Mustervorführung, die deutlich machte, dass die Rolle fehlbesetzt war. Damit war die Arbeit von drei Tagen vergebens und die Rolle musste mit der von Anfang an vom Regisseur vorgeschlagenen Sybille Nicolai wiederholt werden.

Alle Autos zu den zehn Wochen dauernden Dreharbeiten stellte das Opelwerk zur Verfügung. Der Oldtimer aus dem Opelmuseum wurde auf einem Tieflader zu den Drehorten befördert. Auf ihren Fahrten von Burg zu Burg, traf die Amerikanerin einen jungen Studenten. Er war mit einem alten Auto unterwegs, das kaputt ging. Der Nachrichtensprecher Siegfried Weyers spielte einen netten Herrn, der mit seinem Oldtimer unterwegs war. Er erbarmte sich und nahm den Studenten ein Stück mit, bis auch der Oldtimer am Straßenrand liegen blieb.

Bald darauf kam unsere Amerikanerin in ihrem flotten Sportwagen vorbei, hielt an und nahm den Studenten mit. Gemeinsam besuchten sie nun weitere Sehenswürdigkeiten im Hessenland. Die Sababurg war das Dornröschenschloss aus dem sich der Filmtitel ableitete. Der Film endet mit einem Besuch auf dem Henningerturm und anschließend fliegt die junge Journalistin vom Frankfurter Flughafen zurück nach Amerika.

Der Hubschrauberpilot war Vizeweltmeister im Hubschrauberfliegen

Für die schwierigen Luftaufnahmen waren am Hubschrauber die Türen entfernt worden, damit ich schöne Bilder machen konnte. Nur angegurtet, zugig und kalt führte der Flug von Kassel-Wilhelmshöhe seitlich die Kaskaden empor, kreisend um den Kopf des Herkules herum – damit hatte ich am Ende der Einstellung die gesamte Stadt im Bild. Diese schwierige Aufnahme war so einmalig, dass sie später für verschiedene Fernsehsendungen genutzt wurde. Für diese eine Einstellung musste eine aus den USA. geliehene Kamera benutzt werden. Die Leihgebühr für diese Spezialkamera betrug pro Tag 750 DM. Sie besaß eine Diner-Linse, die sich mit 1000 Umdrehungen drehte. Die Erschütterungen des Hubschraubers wurden so abgefangen und das Bild stabilisiert. Der Film wurde in viele Sprachen synchronisiert.

Karl-Heinz im HR-Studio. Durch einen Trick wird er sowohl von vorne als auch von der Seite gezeigt. Mit dabei ist Leo Kubot, ein Tontechniker.

Weitere interessante Aufgaben stellten sich mir mit mehreren Starporträts. Stars wie Hildegard Knef, Lilli Palmer, Marianne Koch, Barbara Rütting, Anneliese Rothenberger, Willy Hagara und der Operettenbuffo Willy Hoffmann, wurden in ihrem Zuhause porträtiert.

Das Freilichtmuseum Hessenpark in Neu-Anspach stellten wir vor mit dem Film „Der Jahreskreis." Hierfür wurden die vier Jahreszeiten durch jeweils passende Volkslieder begleitet. Bekannte Sänger wie Grit van Jüthen, Rudolf Schock, Erika Köth, Heinz Hoppe, sangen ihre Lieder vor oder in den historischen Gebäuden des Museums. Weitere bekannte Persönlichkeiten, mit denen ich im Laufe meiner Kariere zu tun hatte, waren unter anderem Hans-Joachim Kulenkampff, Mario Adorf, Günter Strack und Rebecca Völz.

Eines Tages erzählte mir Harald, dass er einen Film über Goethe in Weimar plane. Zur DDR-Zeit bedeutete das, dass das komplette Team akkreditiert werden musste. Mir war es mulmig. Als Republikflüchtling hatte ich in dreizehn Jahren DDR-Boden nicht wieder betreten. Zu Dreharbeiten in Berlin war ich immer geflogen. Ich tröstete mich damit, dass ich entweder akkreditiert werde, dann könnte mir eigentlich nichts passieren. Würde ich abgelehnt, könnte ich den Film nicht drehen.

Zu meiner Überraschung kam die Erlaubnis für das komplette Filmteam. Während die Kollegen den Grenzübergang Herleshausen benutzen konnten, musste ich allerdings mit meinem Assistenten, der Jugoslawe war, über Helmstedt einreisen. Einmal wöchentlich kam ein Kurierfahrer aus Frankfurt, um uns neues Material zu bringen und voll gedrehte Filmspulen mitzunehmen. Im kommunistischen Teil Deutschlands wurde uns als Erstes ein Aufpasser zugeteilt, der uns sogar bis zur Toilette verfolgte. Er versuchte sehr bald, über den Kurierfahrer an Westwaren seiner Begierde zu gelangen. Das waren damals Kaffee, Schokolade, Waschpulver, Zigaretten und vieles andere. Die Wünsche hatte er aufgelistet und übereichte den Zettel dem Kurierfahrer immer vor der Abfahrt in den Westen.

Eines Tages erzählte er uns, wie gerne er einmal ein westliches Auto fahren würde. Harald ließ ihn ans Steuer und er fuhr schneller und schneller. Plötzlich hielt uns ein Vopo an. Als der den DDR-Ausweis sah, verfinsterte sich sein Gesicht. Er hatte sich schon auf Westgeld gefreut, das konnte er von seinem Landsmann aber nicht verlangen. Zehn Ostmark waren die Strafe. Der Regisseur fragte den Vopo: „Sagen Sie mir mal, wie haben Sie das denn festgestellt, wir haben doch gar nichts bemerkt?" Die Antwort war: „Da oben liegt ein Schlauch über die Straße und wenn Sie zu schnell fahren, piept es hier unten. Hier liegt einer im Graben, der hält Sie dann an!" Es war im Januar 1975, nass und kalt. Harald sagte: „Bei dem strömenden Regen wird der ja krank!" Die Antwort: „Das macht doch nichts, wir haben noch mehr, dann kommt morgen ein anderer."

Nachdem ich bei den Dreharbeiten zu dem Film keine Scherereien hatte, war ich ermutigt, im nächsten Jahr einmal einen Antrag auf Einreise in die DDR zu stellen. Ich bekam die Erlaubnis und konnte Verwandte besuchen und alte Freundschaften wieder auffrischen.

„Ein Sommer der ein Winter war" von Sandra Paretti entsteht in Bad Karlshafen

In Bad Karlshafen drehte ich einen Film über die Dreharbeiten zu dem Film „Ein Sommer der ein Winter war" von Sandra Paretti. Fritz Umgelter führte Regie.

„Blauer Bock" mit Heinz Schenk in Bad Soden

Moderne Stadtlampen mussten entfernt, Oberleitungen und Fernsehantennen mit einer bemalten Glasscheibe vor der Kamera mit Bäumen und Wolken abgedeckt werden.

Zu den Sendungen „Der Blaue Bock" drehte ich mit Heinz Schenk die Vorfilme. Sie stellten die Städte und Orte vor, in denen später die Live-Sendungen stattfanden. Heinz Schenk wurde anlässlich seiner Abschiedsveranstaltung zur Erinnerung an viele erfolgreiche Sendungen ein Schachspiel überreicht. Für die Schachfiguren waren von einem Künstler die Köpfe einiger seiner Mitarbeiter modelliert worden. Mein Kopf zierte ein Läufer. Ein sehr originelles Geschenk.

Studioaufnahmen zu dem Film „Walküre"

Professor Dr. Hans Jürgen Brand, ein Regisseur aus meiner Berliner Zeit, war inzwischen Professor für Kunstgeschichte an der Frankfurter Universität. Sein Schwerpunkt war der Film. Bei einem Treffen bat er mich um Unterstützung. Und so wurde ich nebenbei Dozent an der Frankfurter Uni. Meine Themen waren Kamera und Lichtgestaltung. Als er für ein Jahr in die Vereinigten Staaten ging, übernahm ich seine Vorlesungen ganz.

Dr. Harald Schäfer verließ den Hessischen Rundfunk, weil er dort für sich keine weiteren beruflichen Perspektiven sah. Als freier Regisseur arbeitete er bei den verschiedensten Fernsehanstalten. Zu seinen Regiearbeiten gehörten nahezu alle Dieter-Thomas Heck-Sendungen. Durch den Weggang meines Freundes vom HR gab es auch für mich kaum noch größere und interessante Produktionen zu gestalten.

Nach zehnjähriger Tätigkeit beim HR wurde ich 1973 stellvertretender Chefkameramann. Wenn ich gerade nicht mit Filmarbeiten beschäftigt war, vertrat ich hin und wieder den Disponenten. Später, als Chefkameramann und Disponent gleichzeitig in Rente gingen, glaubte ich, dass der Stellvertreter automatisch aufrückt. Dem war aber nicht so. Durch eine Umorganisation legte man die Bereiche Live und Film zu der Abteilung Bild zusammen. Der Abteilungsleiter wurde der frühere Chefkameramann der Abteilung Live und der Film-Chefkameramann ein netter jüngerer Kollege, der sich um diesen Posten beworben hatte. Sein Stellvertreter wollte ich aber nicht sein und übernahm daher lieber die Filmdispo.

Bei diesem Job hatte ich täglich 30 Teams zu disponieren. Sie bestanden in der Regel aus einem Reporter, Kameramann mit Assistent, Toningenieur und bei Bedarf Beleuchter, außerdem die entsprechenden Fahrzeuge. Zehn dieser Teams waren ständig für längere Zeit unterwegs, sie drehten verschiedene Magazinsendungen oder hatten andere Aufgaben, teils im

Ausland. Die übrigen ca. zwanzig Teams wurden für aktuelle Einsätze benötigt.

Nach einem Beschluss des Hessischen Rundfunks, dass Mitarbeiter mit 61 Jahren in den Vorruhestand gehen konnten, nahm ich die Gelegenheit wahr. Durch diese Regelung konnten junge Kollegen sich beruflich verbessern. Eine große Abschiedsfeier veranstaltete ich zusammen mit dem neuen Chefkameramann, der sein 25-jähriges Jubiläum hatte. Durch meine langjährige Tätigkeit war mein Bekanntheitsgrad so groß, dass die vielen Geschenke nicht in ein Auto passten und eine zweite Fahrt für den Transport nachhause erforderlich wurde.

Ich freute mich auf den Ruhestand und glaubte, viel Zeit zu haben. Deshalb schloss ich mich verschiedenen Vereinen an, machte Reisen und hielt die Eindrücke mit der Kamera fest. Eines Tages kam die Anregung, einen Film über Bad Vilbel zu drehen. In zweijähriger Arbeit zeigte ich die schöne Lage und die Umgebung, sammelte Material bei verschiedenen Veranstaltungen, Festen und Vereinen, wobei meine Frau mich unterstützte, denn mir stand ja nun kein Team mehr zur Verfügung. Ich hatte keine Cutterin und keinen Regisseur, so

dass wir die Reihenfolge der einzelnen Szenen, den dazuge-
hörenden Text, die Musik und Tonaufnahmen selbst bewälti-
gen mussten. Von 21 Stunden Aufnahmezeit konnte ich nur
1 ¼ Stunden verwenden, weil der Film für den Betrachter
sonst zu lange geworden wäre. Für die Vertonung engagierte
ich Toningenieure und Sprecher des Hessischen Rundfunks.

Es vergingen drei Jahre. In dieser Zeit hatte sich die Stadt
sehr vorteilhaft verändert, als erneut eine Anregung dazu
führte, die Entwicklung im Bild festzuhalten. Rund um das
Alte Rathaus war durch Neubau und Renovierung verschie-
dener Gebäude ein ansehnliches Stadtzentrum mit Tiefgara-
ge entstanden. Die Seniorenresidenz am Kurpark bietet der
älteren Generation schönes und angenehmes Wohnen im
Innenstadtbereich. Durch den Abzug der Amerikaner ging
die sogenannte Amisiedlung in private Hände über. Auf der
angrenzenden Amiwiese werden regelmäßig Veranstaltungen
für Jugendliche durchgeführt und ein Vier-Sterne-Hotel entstand auf dem Heilsberg. Zur Verbesserung des öffentlichen
Nahverkehrs wurden vier Vilbus-Linien eingeführt. Der Film
zeigt zu guter Letzt mit Dortelweil-West die Entstehung eines
ganz neuen Stadtteils.

Für meine Pensionärszeit habe ich damit eine Aufgabe gefunden.

6. Kapitel

Heinz hat Karriere in Sachsen als Karikaturist gemacht

Zu Weihnachten und den Geburtstagen wechselten Päckchen mit beliebten Westartikeln über die Grenze. Von drüben erhielten wir viele Dresdner Stollen, sie reichten manchmal bis Ostern. Heinz sandte uns einmal eine von seinem Cousin in Blei gegossene Eisenbahn, ein andermal hatte Nachbarin Jutta Weihnachtsdekorationen gehäkelt.

Den ersten gemeinsamen Geburtstag wollten Heinz und Karl-Heinz im Mai des Jahres 1986 feiern. Der erforderliche Antrag auf „Verwandtenbesuch zum 60. Geburtstag", wurde Heinz jedoch bedauerlicherweise nicht genehmigt. Schließlich galt Karl-Heinz noch immer als Klassenfeind und einen solchen Kontakt wollte man nicht fördern.

Bereits im Jahre 1988 hatte Heinz die Idee, ein gemeinsames Buch über ihre Jugend und die Kriegserinnerungen zu schreiben. Doch der Eiserne Vorhang und die Unmöglichkeit zusammenzukommen, verhinderte das Projekt lange Zeit.

Dann kam das Jahr der Wende, des Mauerfalls und endlich konnte man sich auch einmal wieder leibhaftig sehen. Der erste Besuch am Wohnort von Karl-Heinz, Bad Vilbel, fand im Jahre 1990 statt und zwar vom 29.3. bis zum 2.4. Ein Jahr später (1991) besuchte Heinz seinen Freund über Pfingsten.

Einmal wollten Heinz und seine Frau uns überraschen. Im Jahre 1994 machte er eine Reise nach Fellbach. Auf der Heimfahrt dachte er, es sei eine gute Idee, in Bad Vilbel vorbeizufahren und an unsere Tür zu klopfen. Aber ach: wir waren auf Urlaubsreise in Frankreich. Das hat später beiden Seiten sehr leid getan, dass dieses Wiedersehen ins Wasser gefallen war. Aber wer Überraschungen plant, muss auch damit rechnen, dass er selbst überrascht wird.

Durch die Wende war es möglich, dass „Westler" auch wieder zu Klassentreffen in die neuen Bundesländer reisen konnten. Diese jährlichen Treffen, die innerhalb der ehemaligen DDR schon immer gepflegt wurden, fanden in Dresden statt. Nun konnten wir diese Gelegenheit nutzen, um alte Klassenkameraden zu treffen, aber auch um Besichtigungstouren zu machen und alte Freunde zu besuchen.

Mittlerweile hatte man das begnadete Zeichentalent Heinz entdeckt und Interesse an seinen Darstellungen gefunden. In Sachsen hat er dann sein Talent genutzt, um als Karikaturist Karriere zu machen. Angefangen hat er im Jahre 1958 bei der Sächsischen Zeitung. Während der DDR-Zeit waren seine Werke in Schloss Moritzburg ausgestellt worden. Seine mit spitzer Feder mit DRI gezeichneten Karikaturen tragen dieses unverkennbare und einprägsame Markenzeichen. Allerdings blickt der Kenner guter Karikaturen und damit seiner Arbeiten nicht mehr nach diesem Signet. Er erkennt ihn bereits an seinem typischen Zeichenstil selbst.

Umfangreich ist sein bisheriges Schaffen. Illustrierte Glückwünsche, Kalender, kleine Hefte, Zeichnungen zu selbstverfassten Texten fertigte er in umfangreicher Zahl. Bereits zur Zeit der Wende ließ er seine bei der Sächsischen Zeitung gezeichneten Wendekarikaturen als Heft drucken. Im Jahre 1994 erhielt er dafür bei einem Wettbewerb der Landeszentralen für politische Bildung von Sachsen und Baden Württemberg einen Sonderpreis.

Heute lebt er mit seiner Frau Barbara in Meißen. Er ist immer noch aktiv. Sein Freund Karl-Heinz durfte mit großer Freude die Auszeichnung seiner Filme erleben. Am 6. Februar 2004 wurde die Goldene Kamera für die Filme mit der Augsburger Puppenkiste verliehen. Leider starb er am 15. Dezember des Jahres 2005 und hinterließ sein Vermächtnis seiner Frau Erna, die mit ihren Filmen über Bad Vilbel den allerletzten Teil seiner Arbeit fortsetzt.

Grabausschnitt im Jahre 2010